EXPERTEN-TIPS DER RALLYE-ZUNFT

ROBERTO BONETTO

Experten-Tips der Rallye-Zunft

MOTORBUCH VERLAG STUTTGART

Einband und Schutzumschlag: Siegfried Horn
unter Verwendung eines Fotos von Herbert Völker.

Die italienische Ausgabe ist dort erschienen unter dem Titel »Rallyes«.
Die Übertragung ins Deutsche besorgte
Gertrud Saile.

ISBN 3-87943-273-2

1. Auflage 1973.

Gesamtherstellung: Brönner & Daentler KG, Eichstätt.
Printed in Germany.

INHALT

VORWORT

Das sportbegeisterte Publikum findet immer mehr Gefallen an Rallyes, einem Zweig des Motorsports, in dem sich führende Automobilfirmen der Welt in direktem Wettkampf und unter rücksichtslosem Einsatz beteiligen.
Nun wird zwar viel über Rallyes diskutiert, was aber die Kenntnis der Feinheiten, der kämpferischen und menschlichen Leistungen angeht, ganz zu schweigen von den technischen Aspekten, so sind sie immer noch einer begrenzten Elite von Spezialisten vorbehalten, während für das breite Publikum eine Rallye noch so viel bedeutet wie Gleichmäßigkeitsfahrten mit Zeitmessern und ähnlichen Scherzen. Eine etwas kleinere Gruppe wiederum sieht in diesen Rallyes noch Pioniertaten, bei denen es im Grunde nur darauf ankommt, das Ziel zu erreichen, gleichgültig, welche Geschwindigkeit die Teams dabei fahren.
Beide Gruppen, die sich unter einem Rallyeauto ein mit Rallyeinstrumenten, Schaufeln und Hacken, Benzinkanistern, ganzen Ersatzteil- und Lebensmittelkisten gespicktes Fahrzeug vorstellen, wären vielleicht enttäuscht, wenn sie einmal ein solches Auto aus der Nähe betrachten könnten, das an der Rallye Monte Carlo teilnimmt: es sieht nämlich einem Rennauto verdammt ähnlich, mit Gewichtserleichterungen bis an das erlaubte Limit, einem Motor mit donnerndem Auspuff und fulminanter Beschleunigung.

Tatsächlich hat die Entwicklung in diesen letzten Jahren dazu geführt, daß man nicht mehr wie früher Wagen für zwar auch schnelle, vor allem aber lange Strecken baut: heute werden sie für ein unglaubliches Rennen gegen die Zeit und auf verschiedenartigstem Gelände hochgezüchtet. Die ganze Entwicklung der Rallyes, die mit vollem Recht die Straßenrennen früherer Jahre verdrängt haben, ist eben entscheidend vom Gesichtspunkt der Schnelligkeit bestimmt worden; sie allein gibt den Ausschlag bei der Plazierung; Robustheit und besondere Ausrüstung können einen Sieg nur dann noch einbringen, wenn die schnelleren Wagen ausgeschieden sind.
Die Entwicklung der Rallyewagen hat sich also den Erfordernissen der Rennen angepaßt. Dabei kam es mehr und mehr zu einem Wettlauf unter den Konkurrenten um die neuesten Errungenschaften, und fast unmerklich wurden nach und nach besonders rallyegeeignete Autos entwickelt. Diese Entwicklung verlief rasant und überraschend, ausgehend von entsprechend umgebauten Serienlimousinen über »Zweitürer« und Coupés bis hin zu den kleinen Kunststofflimousinen, von denen nur eine begrenzte Anzahl von Exemplaren hergestellt wird. Und die allerneuesten »Sportlichen«, die einige Firmen herausgebracht haben, sind nur als Ergebnisse der Rallye-Erfahrungen zu verstehen, die außer einem einzigartigen Verkaufsargument auch einen hervorragenden Prüfstand abgeben. Man weiß, daß die Rallyeautos in ihren wichtigsten mechanischen Bestandteilen oft nur das übernehmen, oder vorwegnehmen, was die normale Produktion schon aufzuweisen hat oder später aufweisen wird.

Und die unterschiedlichen Anforderungen, denen ein Rallyewagen während einer Saison ausgesetzt ist, bieten die beste Gewähr dafür, daß Modelle, die häufiger Spitzenplazierungen erreichen, wirklich gültige technische Lösungen aufzuweisen haben; sie mußten ja auf Asphalt, Sand, Geröll, Schnee oder nasser Straße konkurrenzfähig sein, ganz zu schweigen von miserablen Sichtverhältnissen. Die gleiche Anpassungsfähigkeit wird auch von den Fahrern verlangt, die in der Lage sein müssen, unter den eben erwähnten Bedingungen im Grenzbereich zu fahren, wozu oft genug noch erschwerende Umstände kommen, wie ein schon sehr mitgenommener Wagen, ausgefallene Stoßdämpfer, fast unbrauchbar gewordene Bremsen, oder Spikes auf Asphalt (was aber immer noch besser ist als Racing-Reifen auf Eis), gar nicht zu reden von den ständig wechselnden Bedingungen von Gewichtsverteilung oder Bodenhaftung, die während einer Rallye, manchmal sogar während einer Prüfung, auftreten können.
Alles in allem muß der Rallyepilot also ein perfekter Fahrer sein, der außer Schnelligkeit, Anpassungsfähigkeit, Organisationstalent, technisches Fingerspitzengefühl und mechanisches Können für die Vorbereitung einer Rallye mitbringen muß, also in jeder Hinsicht ein Spezialist, der gefeierten Formel-1- und Prototypenfahrern nicht nachsteht, die für die öffentliche Meinung so etwas wie eine hohe Schule des Automobilsports darstellen.
Dieses Buch möchte ein Führer durch die faszinierende Welt des Rallyesports sein, der täglich mehr Anhänger und Enthusiasten um sich versammelt. Und man darf wohl erwarten, daß der Rallyesport mit seinen erregenden

Aspekten immer bekannter wird und Interesse und Begeisterung vieler Motorsportfreunde vom Rennsport weg auf sich lenken wird. Ebenso wird man erwarten dürfen, daß aus der ständig wachsenden Zahl von Teilnehmern an diesen Rallyes immer mehr fähige Fahrer hervorgehen werden, so daß es gelingen wird, den skandinavischen Ländern, die heute die größte Anzahl an Spitzenfahrern stellen, den Rang streitig zu machen.

Cesare Fiorio

AUTORENNEN – AUF DER STRASSE GEBOREN

Autorennen wurden auf der Straße geboren. Kaum tauchten die ersten knatternden Einzylindermotoren auf den Straßen auf, entstand auch schon das Rennen, der Wettkampf, brach der unbezähmbare, unauslöschliche Drang durch, der den Menschen von Anfang an beherrscht hat, der Erste zu sein. Als das Automobil erschien, gab es keine Pisten, auf denen mit Höchstgeschwindigkeit gefahren werden konnte. Aus der Notwendigkeit entstand also das Straßenrennen.

Die größten Straßenrennen am Beginn unseres Jahrhunderts, als das Automobil sich rasch durchsetzte, wurden auf den großen europäischen Verkehrsadern gefahren, wie »Paris–Madrid«, »Paris–Wien« oder sogar interkontinental wie »Paris–Peking«.

Aber das Automobil war ein Geschöpf, das sich mit ungewöhnlicher Kraft und Schnelligkeit entwickelte: schon in den ersten Jahren nach 1900 erreichten die merkwürdigen, knatternden Fahrzeuge Geschwindigkeiten von 100 km/h.

Die anfängliche Begeisterung des Publikums für diese mechanischen »Ungetüme« schlug aber bald in Überdruß und schließlich Abneigung gegen die Krachmacher um, die die Ruhe störten, die Straßen verstopften und manchmal auch noch Blutbäder unter der Menschenmenge anrichteten. So wurde das Automobil von den Verkehrsstraßen auf die Rennpisten verbannt, die Anhängerschaft folgte ihm automatisch auf diese Pisten, die in allen Ländern Europas und Amerikas entstanden.

Die Straßenrennen verlagerten sich auf Bergstrecken, abseits von den großen Verkehrswegen. Es wurden also Rennen in den Bergen, wie der Coupe des Alpes oder die unsterbliche Targa Florio. Erst viel später, 1927, kam die »Mille Miglia« dazu, sie wurde zusammen mit der Targa Florio eines der berühmtesten Rennen der Welt.

Die großen Straßenrennen für »normale« Autos, die am Anfang der späteren Rallyes standen, blieben aber noch eine ganze Weile im Dunkeln. Die Autoenthusiasten nämlich, und erst recht das große Publikum, interessierten sich nicht im geringsten für Rennen mit Fahrzeugen, die praktisch jeden Tag auf der Straße zu sehen waren. Ihre Bewunderung galt den mächtigen Boliden, mit deren Schnelligkeit und Stärke die normalen Serienautos sich nicht im entferntesten vergleichen konnten. Dank dieser Sensationsgier und der völligen Andersartigkeit dieser Wagen verloren die Straßenrennen mit Serienwagen jedes Interesse, die sogenannten Rallyes wurden von den großen Champions dieser Zeit völlig ignoriert.

Die Legende will, daß das Wort »Rallye« im Zusammenhang mit dem Automobil seine Entstehung der Veranstaltung verdankt, die heute als berühmteste Rallye der Welt gilt, nämlich der Rallye Monte Carlo. Angeblich kam das Wort bei der ersten »Spazierfahrt« auf, die autobegeisterte adelige Gentlemen, die den Winter in Monte Carlo zu verbringen pflegten, im Jahre 1911 veranstalteten; bis dahin war es nur für Radrennen, vor allem in Italien, üblich gewesen. Französische Journalisten verwendeten es anscheinend zum erstenmal. Ungeachtet der großen Beliebtheit, deren sich diese Wettfahrten damals schon beim Publikum erfreuten, wurden sie von den großen Rennfahrern nie beachtet oder doch nur als Zeitvertreib angesehen, dem man kaum Interesse oder Beachtung schenkte; sie galten höchstens als Gefallen, den man diesem oder jenem guten Freund einmal erwies oder als Gelegenheit, Bekanntschaften unter den Oberen Zehntausend zu schließen. Und die Rennfahrer von damals hatten nicht einmal so unrecht; es war einfach nicht denkbar, daß Männer, die schon 1924 beim damaligen Großen Preis auf manchmal nicht asphaltierten Pisten über 200 km/h fuhren, todesmutige Männer also, für die Schnelligkeit ein Rausch war, ohne den sie nicht leben konnten, auf Straßen hätten fahren sollen, die einen Durchschnitt von höchstens 50 km/h erlaubten. So blieben die Rallyes den »Herrenfahrern«, den Enthusiasten vorbehalten, die nicht das Glück, vor allen Dingen aber nicht das Können besaßen, auf der Rennpiste Überragendes zu leisten und sich nun damit begnügten, am Rande des eigentlichen Automobilsports zu leben. Die Folge war natürlich die schon erwähnte Interesselosigkeit des Publikums, das unwiderstehlich von den Pisten und den wenigen großen Straßenrennen angezogen wurde.

Erst viele Jahre später sollte der Rallyesport sich von dem Ruf befreien, Zufluchtsstätte derer zu sein, die sich im wirklich lebendigen und echten Rennsport nicht hatten durchsetzen können. Erst in den 60er Jahren brachten die

halsbrecherischen Kunststücke der Rallyepiloten diese Sportart wieder in den Blickpunkt der Öffentlichkeit.
Der Rallyesport hat lange Zeit gebraucht, um sich durchzusetzen, dann aber hat er es in ein paar Jahren geschafft. Heute sind die Rallyefahrer für keinen Menschen mehr die Stiefkinder des Automobilsports, ihr fahrerisches Können kann sich mit dem der Formel-Rennfahrer messen. Eine große Rallye wie die Rallye Monte Carlo ist so wichtig geworden wie die 24 Stunden von LeMans oder ein Großer Preis der Formel 1; die Unkosten für die Teilnahme und die Organisation einer solchen Rallye sind höher als die für einen Großen Preis.

RALLYES HEUTZUTAGE

Bis in die fünfziger Jahre gab es zwei große Gruppen von Sportfahrern: Pistenpiloten und Straßenfahrer. Domäne der ersteren waren die Großen Preise für Einsitzer mit freiliegenden Rädern, die schnellsten und stärksten und vom Publikum am meisten beachteten Wagen. Den Straßenfahrern gehörten große Rennen wie die Mille Miglia oder die Targa Florio, die im allgemeinen von Wagen mit verdeckten Rädern, sogenannten Sportwagen, gefahren wurden. Sie erforderten einen völlig anderen Fahrstil, der vor allem auf Improvisationstalent, Mut und Erfahrung beruhte.

Dann erreichten aber auch die Sportwagen Geschwindigkeiten, die sogar über denen der Monoposti lagen. Ihre Gefährlichkeit, die zahlreichen Unfälle bei Straßenrennen und die zunehmende Verkehrsdichte führten dazu, daß Rennen wie die »Mille Miglia« aufgegeben wurden, und die Straßenrennfahrer nichts mehr zu tun hatten. Gerade in dieser Zeit fängt nun die Rallye an, ihr Gesicht zu wandeln. Aus Gleichmäßigkeitsfahrten, bei denen auf normalen Straßen Durchschnittsgeschwindigkeiten von 50 bis 60 km/h vorgeschrieben sind, wird langsam eine echte Leistungsprüfung für Serienwagen. Die «Öffentlichkeit bekundet wachsendes Interesse für diese Motorsport-Disziplin. Und damit wächst das Interesse der Automobil-Hersteller an Rallyesiegen. Das ist auch völlig verständlich. Das Publikum will keine Wettbewerbs-Fahrzeuge mehr sehen, die mit den Autos, die es selbst fährt oder fahren wird, überhaupt nichts gemeinsam haben. Dagegen sind Rallyes Veranstaltungen für Autos, die zwar nicht völlig dem gleichen, das man selbst fährt, aber doch noch recht eng mit ihm verwandt sind.

Ein Rallyefahrzeug braucht keine speziellen Rennstrecken, um seine Möglichkeiten zu entfalten: es genügen Straßen abseits des großen Verkehrs. Zwar gibt es Spezialtypen wie den Lancia Fulvia 1600 HF oder den Porsche 911 S Rallye, die zwischen 20000 und 50000 Mark kosten, aber man kann auch einfach ein ganz normales Auto in ein für Rallyes geeignetes Fahrzeug umbauen (so geschehen beim Fiat 125 und 124 Spider), auch wenn man nicht die Grenzwerte eines Porsche oder eines Alpine erreicht. Rennwagen hingegen erfordern eine derart aufwendige Präparation, daß sie auf normalen Straßen gar nicht mehr fahren können und zum Start transportiert werden müssen.

Das soll nun nicht heißen, daß die konkurrenzfähigsten Rallyewagen genau den Autos gleichen, die man alle Tage auf den Straßen sieht. Auch sie sind das Ergebnis umfangreicher Präparationen und Tuning-Arbeiten aufgrund langjähriger Rallyepraxis; in der Rallye-Spitzenklasse gibt es deshalb auch nur vier oder fünf Firmen, die die wichtigsten Veranstaltungen und Meisterschaften unter sich austragen. Sie stellen eine Aristokratie dar, die gleichzeitig mit der Rallye in ihrer heutigen Form entstanden ist, und das keineswegs zufällig, sondern in starkem Maße »gewollt«. Als nämlich das Publikum anfing, sich für den Rallyesport zu interessieren, erkannten diese Firmen erst, welch überaus hoher Werbewert in dieser Wettbewerbsart steckte. Die siegreichen Rallyewagen waren wenigstens äußerlich den normalen Alltagsautos sehr ähnlich, und dieser Umstand weckte das Interesse des Publikums. Es ging nun nicht mehr darum, ob der Lotus oder der Ferrari Formel 1 der bessere Wagen ist; die Tatsache, daß ein Porsche oder ein Lancia in Monte Carlo gesiegt haben, besagt automatisch, daß die »Fulvia« oder der »911« auch im Normalverkehr die besten, robustesten und sichersten Wagen sind.

Die Auswirkungen auf den Verkauf sind also ungeheuer

EXPERTEN-TIPS DER RALLYE-ZUNFT

Beginn der Rallyes.

Targa Florio 1906. Furnier auf Clément-Bayard auf den damaligen unmöglichen Straßen, in einem Spalier von Zuschauern.

So sah eines der bekannten Straßenrennen der dreißiger Jahre aus. Im Bild der berühmte Alfa Romeo 2600.

Eine der berühmtesten und größten Langstrecken-Rallyes der fünfziger Jahre war die Rallye Spa—Sofia—Lüttich, ursprünglich Lüttich—Rom—Lüttich, eine richtige Rallye auf Gebirgsstraßen mit Sonderprüfungen. Links ein Triumph TR 2 in einer Spitzkehre, rechts ein Alfa Romeo Giulietta.

Auf Rallyes ereignen sich oft spektakuläre Unfälle, glücklicherweise meist ohne schlimme Folgen für die Piloten. Auf der Akropolis-Rallye überschlug sich ein griechischer Fahrer am Steuer eines japanischen Wagens.

Ein Beispiel für Fahren im Grenzbereich bei einer Sonderprüfung der Rallye von San Remo; ein Lancia Fulvia HF in der Gegenlenkphase am Kurvenausgang.

'achtszene am Col de Turini
it einem der berühmten Minis,
.e so lange das Siegesmonopol
ıf der Rallye Monte Carlo
ıtten.

ın Lancia Fulvia HF Werks-
agen bei einer Sonderprüfung
ıf der Rallye San Remo 1968,
.e vorwiegend auf Schotter
:fahren wird.

Eine der Entdeckungen des Jahres 1971 war das Datsun 240 Z-Coupé, hier mit Aaltonen auf der Rallye Monte Carlo.

»Sprung« eines Fiat 128 auf einer kleineren Rallye.

Tour de Corse 1966. Der Engländer Elford am Steuer des Porsche 911 T.

Der Zusammenhang ist klar: Rennen sind Kinder der Straße, hier bewiesen durch die Aufnahmen eines Alfa Romeo RLS (auf der Targa Florio 1923) und einer Alpine.

Marathon-Rallye London—Mexiko.

groß. Niemand kann bestreiten, daß der Verkaufserfolg beispielsweise des Lancia Fulvia Coupé das Ergebnis vieler Rallyejahre und wichtiger Siege ist.

Wir haben nun also die Hauptpunkte beleuchtet: das ständig wachsende Interesse des Publikums und die unerhörten Verkaufserfolge der Modelle, die die wichtigsten Rallyes für sich buchen konnten; nun wird auch verständlich, weshalb die Hersteller sich so begierig auf den Rallyesport gestürzt haben; seine Werbewirkung ist heutzutage derart, daß sie den Aufwand von Summen rechtfertigt, die ein Vielfaches der Unkosten für ein Prototypen- oder Formel-1-Rennen auf der Piste darstellen.

Wann ist dieses Interesse der großen Automobilfirmen erwacht? Man kann ihr Auftauchen auf der Rallyebühne wohl auf den Anfang der 60er Jahre ansetzen, damals also, als BMC mit der Herstellung des »Mini-Cooper« begann, jenes einmaligen Kleinwagens, der sich vier Jahre lang als unschlagbares Rallyeauto erweisen sollte, besonders in Monte Carlo, bei der berühmtesten und schwierigsten aller Rallyes.

Zwar hatte man schon vorher die wichtigsten Wettbewerbsfahrzeuge mit Sonderausrüstungen versehen (Reifen, Abschleppseile, Werkzeuge etc.), aber das Niveau an Spezialisierung, das der Mini-Cooper darstellte, erreichte damals gewiß kein anderer Wagen. Wie bei den Prototypen oder Formel-1-Wagen waren viele englische Firmen mit am Sieg der kleinen Minis beteiligt, von den Reifen- und Bremsenherstellern bis hin zu den Windschutzscheibenfabrikanten. Der »Mini 1275 ccm«, 1965 Sieger der Rallye Monte Carlo, war ein Kleinod der Automobiltechnik.

Man hatte an alles gedacht, damit die hervorragenden BMC-Piloten sich unter jeder Bedingung, auch im schlimmsten Winter, wohl in ihrer Haut fühlen konnten. Um einen Begriff vom Leistungsstand der BMC-Techniker zu geben, sei hier nur eine Einzelheit erwähnt: in Windschutzscheibe und Rückfenster waren feinste Drähte aus einer Goldlegierung eingebaut, um das Beschlagen oder Vereisen der Scheiben zu vermeiden. Techniker staunten auch über die hohen Kosten dieser »Minis«: nicht weniger als 30000.– Mark. Diesem hohen Preis entsprach aber auch die hervorragende technische Unterstützung, die von einem Könner wie Stuart Turner organisiert wurde und nicht weniger als 600 Reifen aller Typen pro Wagen umfaßte. Diese Zahl mochte damals übertrieben erscheinen, erwies sich aber in der Folgezeit als kaum ausreichend, wenn eine Firma mit einiger Aussicht auf Erfolg an einer so anspruchsvollen Rallye wie der »Monte« teilnehmen wollte. Mit BMC hielt also ein Höchstmaß an Spezialisierung seinen Einzug auf den Rallyes. Lancia paßte sich sofort an, später folgten Renault und Porsche, also die »Großen«, die auch heute noch auf den wichtigsten Rallyes dominieren.

VOM NUTZEN DES RALLYE-SPORTS

Sobald es um Autos und Geschwindigkeit geht, wird zu Recht oder zu Unrecht immer wieder die gleiche Frage gestellt, die es bei anderen Sportarten nicht gibt: haben Autorennen irgendeinen Nutzen, und vor allem: sind sie gefährlich? Soweit es sich um reine Rennen handelt, ist diese Frage nicht so schnell zu beantworten; auf keinen Fall darf man aber vergessen, was diese Rennen zur Verbesserung und Sicherheit des Autos geleistet haben.

Der Rallyesport braucht solche Fragen jedenfalls nicht zu fürchten: es sprechen nämlich eine Unzahl äußerst günstiger Faktoren für ihn. Seitdem die Rallye ihre heutige Gestalt angenommen hat, das heißt, seit sie zu einem Geschwindigkeitswettbewerb auf der Straße wurde, hat es so gut wie keine tödlichen Unfälle gegeben. Zwar kommt es bei jeder Rallye zu sensationellen Unfällen, aus vielerlei Gründen nehmen sie aber nie einen so schlimmen Verlauf wie auf der Piste bei Rennen. Der Hauptgrund dafür ist, daß Rallyes nie so schnell gefahren werden können; es ist immer ein Problem, wenigstens für die Sonderprüfungen Strecken zu finden, bei denen die 150-km/h-Grenze überschritten werden kann. Darum sind die Folgen, auch wenn es einmal »kracht«, nie so dramatisch, außerdem sind Rallyepiloten sozusagen »von Natur aus« für solche Fälle gerüstet, und zwar weil sie im Unterschied zu den

Pistenfahrern auf Unvorhergesehenes gefaßt sind: Schlaglöcher, Steine, vereiste Kurven und schließlich auch den »Austritt«.

Übrigens sorgt die Rallye selbst für eine Auslese der Besten, denn oft ist ein Fahrer so müde, daß er nicht mehr die Energie und den Willen aufbringt, etwas zu riskieren. Auch die Rallyebedingungen selbst tragen zur Sicherheit der Piloten bei. Die Teilnehmer starten nämlich nacheinander, und die Besten bekommen sich kaum einmal zu Gesicht. Der indirekte Wettkampf mindert also oft die Gefahren dieses Wettbewerbs im Grenzbereich. Bei Rennen kann der Gewinn einer Sekunde in einer Kurve über den Sieg entscheiden, also wird die Sicherheitsgrenze oft überschritten. Wozu aber in einer Kurve wegen einer Sekunde alles aufs Spiel setzen, wenn noch tausend andere kommen, wo man weitere Sekunden verlieren kann?

Der Rallyestil erfordert also Besonnenheit, man soll nicht an jeder Kurve alles aufs Spiel setzen, sondern gleichmäßig und den Regeln entsprechend fahren, um den Erfolg nicht zu gefährden.

Das soll nun freilich nicht heißen, daß bei einer Rallye wenig passiert. Im Gegenteil, absolut gesehen passiert mehr als bei Rennen. Aber die Auswirkungen sind wie gesagt stets weniger ernst. Das Glück scheint den Rallyeleuten bis jetzt unglaublich günstig gewesen zu sein. Was ist z. B. einer Kanone wie Vic Elford passiert, als er auf der Rallye Monte Carlo 1969 mit seinem Porsche auf vereister Straße mit Vollgas gegen einen Baum prallte? Bei der gleichen Gelegenheit raste auch Tony Fall mit seiner »Fulvia HF« in eine Schlucht und richtete sein

Auto so zu, daß kaum zu hoffen war, er käme da noch lebendig heraus. Und doch sind in beiden Fällen die Fahrer mit ein paar Schrammen davongekommen.

Das sind nur die uns bekanntgewordenen Unfälle, es gibt aber tausend andere, von denen man wahrscheinlich niemals etwas erfahren wird. So gibt es ungezählte Unfälle schon während des Trainings, bei jeder Rallye geht mindestens ein Trainingswagen drauf. Jede Firma stellt ja ihren offiziellen Piloten vor der Rallye Trainingswagen zur Verfügung, die sogenannten »muletti«, mit denen die Piloten dann die Strecke trainieren und nochmals trainieren können und die dann eben manchmal auch ... zum Teufel gehen.

Natürlich bekommen sie dann zum Rennen selbst ein nagelneues Fahrzeug, an das die Mechaniker eben erst letzte Hand angelegt haben. Wir wollen hier gewiß nicht das Bild vom »mörderischen« professionellen Rallyepiloten entwerfen, aber wenn einer das einzigartige Können der heutigen Asse erreichen will, ist es unvermeidlich, daß er die Grenze der Bodenhaftung gelegentlich überschreitet. Da passiert es natürlich leicht, daß einer sich überschlägt oder an einer Mauer landet. Aber nur so erlangt man das Fingerspitzengefühl für die Grenze, das den Rallyefahrer kennzeichnet.

Auch die Fahrzeuge tragen dazu bei, aus einer Rallye eines der spektakulärsten, aber auch ungefährlichsten Ereignisse des Motorsports zu machen.

Gerade weil sie meistens aus Serienwagen hervorgegangen sind, bieten Rallyeautos auch bei Unfällen bemerkenswert guten Schutz: es wird nämlich keine Sicherheitsvorkeh-

rung außer acht gelassen. Überrollbügel, die die Fahrerkabine vollständig abschirmen, Sicherheitsgurte, die Fahrer und Beifahrer auch bei schlimmsten Unfällen ein gewisses Sicherheitsgefühl geben, gehören dazu.
Verlassen wir nun das Thema Sicherheit und wenden uns dem Beitrag zu, den der Rallyesport für den Fortschritt der Automobiltechnik geleistet hat. Wir wollen zwar nicht gerade behaupten, daß er hier großartige Veränderungen oder Verbesserungen gebracht hat, sein Anteil daran ist aber doch sicher viel größer, als man gewöhnlich annimmt. So ist es in erster Linie den Rallyes zu verdanken, daß beispielsweise die Mauer von Mißtrauen gegen den Frontantrieb abgebaut werden konnte. Denn bis in die 60er Jahre wurden Fahrzeuge, die »alles vorn« hatten, mit einem gewissen Argwohn betrachtet. Sie waren damals noch selten, und man muß zugeben, daß sie mit Ausnahme des hervorragenden Citroën DS noch nicht die allen Anforderungen gewachsene Reife und Fahrsicherheit erreichten. Dann kamen die sensationellen Siege des »Mini« in Monte Carlo und bei den europäischen Meisterschaftsläufen. So erfuhr die Öffentlichkeit von den einzigartigen Möglichkeiten des Frontantriebs auf Eis, Schnee oder Matsch oder ganz allgemein bei unterdurchschnittlichen Bodenhaftungsbedingungen. Die waghalsigen Kunststücke von Minifahrern wie Aaltonen, Mäkinen oder Hopkirk, Siege des »DS« und später der »Fulvia« trugen entscheidend dazu bei, daß das Publikum die Modelle, die »alles vorn« hatten, erst einmal gut aufnahm, bis es ihnen später dann sogar den Vorzug vor den Wagen mit traditionellem Antrieb gab.

So erfuhr der Frontantrieb einen mächtigen Aufschwung. Denn nun verlangte der Markt gebieterisch nach Wagen dieses Typs: die Hersteller waren also praktisch gezwungen, solche Modelle zu konstruieren und herzustellen. Man braucht nun die Programme der größten europäischen Firmen durchzusehen, um festzustellen, daß es heute keine einzige mehr gibt, die nicht ein Modell mit Vorderradantrieb anbietet. Wir wollen hier kein Eigenlob betreiben und behaupten, daß ohne große Rallyes wie Monte Carlo diese Wagen keinen Erfolg beim Publikum gehabt hätten. Ihre Vorzüge hätten sich wahrscheinlich auch so durchgesetzt, nur hätte es wohl viel länger gedauert; die sieben Jahre lang sich wiederholenden Siege in Monte Carlo bürgen dem Käufer für die überlegene Straßenlage des Frontantriebs und sind sogar für seine gegenwärtige Überschätzung verantwortlich. Durch den Rennsport, besonders durch die Rallyes ist dieser Prozeß beschleunigt worden, das müssen die großen Hersteller anerkennen.

Dies ist also unserer Meinung nach eines der großen Ergebnisse des Rallyesports gewesen, es gibt aber noch andere, weniger auffällige, die dennoch ihre Bedeutung haben. Nehmen wir zum Beispiel die Reifen. Dank den auf Rallyes gemachten Erfahrungen hält heute jede Firma Reifen für jeden Geländetyp bereit, es gibt Winterreifen und Spikes zu kaufen, mit denen man sich ruhig auf verschneite und vereiste Gebirgsstraßen wagen kann.

Haben Sie schon einmal darüber nachgedacht, wie lange es wohl gedauert hätte, bis sich die Spikes durchgesetzt hätten und für den Normalverbraucher erreichbar geworden wären, wenn nicht die Winterrallyes bewiesen hätten, wie unersetzlich sie sind? Der Fortschritt auf diesem Gebiet geht immer weiter, ständig werden die Ergebnisse verbessert. Verbessert werden Form und Qualität der Nägel, die Fahreigenschaften auf nicht vereisten Straßen werden zusehends gemeistert, oder zumindest wird doch die Anbringung der Nägel in der Reifenlauffläche verbessert.

Ein weiteres Ergebnis ist die Verbesserung der Beleuchtung. Auch hier sind die Rallye-Erfahrungen ausschlaggebend für die Halogenlampen geworden. Dafür gibt es eine ganz einfache Erklärung. Rallyes finden stets auf normalen Straßen statt, die nicht für den übrigen Verkehr gesperrt werden, und da dieser so wenig wie möglich gestört werden soll, wird im Unterschied zu Rennen vorwiegend bei Nacht gefahren. Es ist also klar, daß die Sichtverhältnisse eine entscheidende Rolle spielen. Das hat nun die Scheinwerferindustrie dazu veranlaßt, höchst leistungsfähige Anlagen zu konstruieren, so daß es hier keine Probleme mehr für den Piloten gibt.

Zu erwähnen sind ferner die Verbesserungen der Scheibenwischer und der elektrisch beheizten Rück- und Windschutzscheiben.

Wie man also sieht, haben auch die Rallyes ihren nicht zu unterschätzenden Beitrag für Fahrsicherheit und Komfort des Autos geleistet.

Viele Hersteller haben den auf Rallyes gewonnenen Erkenntnissen und den dort aufgetretenen Problemen größte Beachtung geschenkt.

DIE RALLYES VON HEUTE

Die heutigen Rallyes sind einander ziemlich ähnlich, was darauf zurückzuführen ist, daß sie sich alle mehr oder weniger der Entwicklung der Rallye Monte Carlo angepaßt haben. Natürlich hat jede ihre Besonderheiten je nach der Eigenart der gewählten Strecke, und vor allem nach den Behörden-Auflagen, die den Veranstaltern gemacht werden. Es ist bekannt, wie die »Monte« abläuft: nach Anfahrtsstrecken zwischen 3000 und 3500 km treffen die Teilnehmer aus ganz Europa (neuerdings auch aus Afrika) in Monte Carlo zusammen. Dieser Teil der Fahrt ist langweilig und auch eigentlich für die Rallye unnütz, er dient vor allem dem Zweck, Reklame für Monte Carlo zu machen, und das ist für die Veranstalter und Monte Carlo selbst sehr wichtig, da das Fürstentum ausschließlich vom Fremdenverkehr lebt.

Die Sternfahrt ist aber auch eine Tradition aus den Anfängen der Rallye, auf die man sicher niemals verzichten wird. Die lange Anfahrt, die alle Teilnehmer in Monte Carlo zusammentreffen läßt, ist von den meisten anderen heutigen Rallyeveranstaltern abgeschafft worden.

Das eigentliche Herzstück der Rallye ist die Strecke Monaco—Chambery—Monaco. Auf ihr gibt es Sonderprüfungen auf Bestzeit von verschiedener Länge, ausgesprochene Steigungs- und Gefällstrecken, die der Rallye ihr eigentliches Gepräge verleihen. Dazwischen liegen Abschnitte, auf denen mit fast »normalem« Tempo gefahren wird. Diesem Grundschema haben sich fast alle anderen Rallyes angepaßt, und so sind aus »Herrenfahrer-Autotouren« richtige Straßenrennen geworden. Natürlich hat jedes Land je nach den zur Verfügung stehenden Möglichkeiten und Straßen den Ablauf seiner Rallyes den besonderen Bedingungen angepaßt. Bei einigen geht es hauptsächlich ums Tempo. Das gilt z. B. für die Tour de Corse, die eigentlich zu Unrecht Rallye genannt wird. Bei ihr handelt es sich nämlich um ein ausgesprochenes Rennen auf den kurvenreichen Straßen der Insel, die praktisch nirgends eine Gerade aufweisen und eine Durchschnittsgeschwindigkeit von knapp 60–70 km/h erlauben, eine Art Mille Miglia.

Nach dieser Charakterisierung der wichtigsten Rallyes wenden wir uns nun den Streckenbedingungen im einzelnen zu. Natürlich paßt jede Rallye sich den Gegebenheiten des betreffenden Landes an. So kann man drei große Kategorien unterscheiden: Rennen auf Asphalt, wie alle französischen (Tour de Corse) und die Spanien-Rallye; Winterrennen auf Schnee und Eis (Schweden-Rallye) und die sogenannten italienischen Rallyes, die fast ausschließlich auf Schotter und daher nicht sehr schnell gefahren werden, dafür aber den Fahrzeugen das Äußerste abverlangen (Schlaglöcher, Steinbrocken etc.) und eine extrem harte Auslese darstellen.

Monte Carlo nimmt wegen seiner besonderen Klimaverhältnisse eine Sonderstellung ein; es kann nämlich eine Rallye auf völlig trockenen Straßen sein (wie dies 1968,

1969 und 1970 der Fall war, als Porsche siegte) oder aber eine Winterrallye unter den härtesten Bedingungen, wie 1971, als nur neunundzwanzig Teilnehmer das Ziel erreichten.
Sehen wir uns nun einmal ein Rallyefahrzeug näher an: fast alle Veranstalter, mindestens aber die für die Internationale Rallye-Markenmeisterschaft gewerteten Rallyes lassen nur solche Wagen zum Start zu, die den Serientypen sehr nahestehen. So können im allgemeinen teilnehmen: Fahrzeuge der Gruppe 1, Serientourenwagen (Jahresproduktion von mindestens 5000 Exemplaren), Spezialtourenwagen Gruppe 2 (Serienproduktion 1000, sonst wie Gruppe 1, aber mit weitgehenden Änderungen), Gruppe 3, Serien-Grand-Tourisme (Sportwagen ohne große Änderungen wie z. B. Fiat 124 Spider, Porsche 911 S, Alpine und entsprechende Wagen mit einer Jahresproduktion von mindestens 1000 Exemplaren), und schließlich Gruppe 4 (d. h. Jahresproduktion 500, sonst stark umgebaute Fahrzeuge der Gruppe 3). Es gibt aber auch bestimmte Rallyes, wie die Tour de Corse oder die Cevennen-Rallye, bei denen auch Prototypen starten dürfen, die überhaupt nichts mehr mit Serienwagen zu tun haben und jede beliebige Konstruktion aufweisen können. Bei Rallyes dieser Art experimentieren die Hersteller mit allen möglichen Konstruktionen, die sie dann vielleicht in ihre nächste Produktion aufnehmen. Alpine, Lancia, Porsche und auch Simca haben solche Prototypen laufen lassen, und gar nicht selten sind gerade daraus die Fahrzeuge entstanden, die (wie der »HF«) später bei Rallyes zu sehen waren: es springt ins Auge, welchen Nutzen die Hersteller aus

den so gewonnenen Erkenntnissen ziehen, sonst würden sie nicht für die Internationalen Meisterschaften Wagen entwerfen, in einer beträchtlichen Anzahl herstellen und homologieren lassen.
Das Verdienst, diese Form des Rallyesports erfunden zu haben, gebührt der alten Blumenrallye, aus der später die Rallye San Remo, dann San Remo—Sestriere und schließlich die Italien-Rallye wurde. Die Blumenrallye verdankt ihr Entstehen eigentlich einer Gruppe von Autofans, die jedes Jahr ins nahe Monte Carlo kamen, um die dortige Rallye zu sehen. Es waren junge Leute, die damals anfingen, Rennen zu fahren und bald zu den besten italienischen Piloten zählen sollten; Patria, Cella, Ballestrieri und viele andere sollten sich, im Wechsel mit Rundstrekken- und Formelrennen auf Rallyes verlegen. Die abendlichen Diskussionen dieser Sportler und ihre Begeisterung wurden bestimmend für die spätere Form der Rallye.
Man fuhr auf den landschaftlich herrlichen Straßen des Hinterlandes von Ran Remo, die nicht asphaltiert und also wenig befahren waren, besseren Saumtierpfaden eigentlich, auf denen Durchschnittsgeschwindigkeiten von über 50 km/h praktisch unmöglich waren. Aber gerade den bescheidenen Geschwindigkeiten auf diesen Schotterstrecken war es zu verdanken, daß alle Genehmigungen erteilt wurden und die erste Rallye 1962 stattfinden konnte. Es dauerte aber noch ein paar Jahre, bis die Mehrheit auch der Stars des Rallyesports begriff, was die Blumenrallye mit ihren fast unvorstellbaren Schwierigkeiten eigentlich war.
Ein paar Jahre später hatte sich die Rallye San Remo,

auch dank der wachsenden Beteiligung von ausländischen Assen und dank ihrer Aufnahme in den internationalen Meisterschaftskalender einen festen Ruf erworben. Ihr Austragungsmodus wurde in diesen Jahren zwar teilweise beträchtlich abgeändert, aber der Geist ist im Grunde derselbe wie in den ersten Jahren geblieben. Damals gab es beispielsweise Formeln, die sogar das Gewicht des Fahrzeugs berücksichtigten, aber dann modernisierte sie sich wie die meisten anderen Rallyes; heute ist der schnellste Fahrer Sieger, unabhängig von den technischen Daten des Wagens — das ist die sogenannte »Scratch-Formel«. In den letzten Jahren wurde die Rallye San Remo dann mit der alten Sestriere-Rallye zusammengelegt, einst Italiens berühmtester Rallye; aus beiden zusammengelegten Veranstaltungen ging dann die Rallye d'Italia hervor; sie zählt seit ein paar Jahren zur wichtigsten Meisterschaft, d. h. zur Internationalen Meisterschaft der Marken, der der höchste Ehrgeiz der beteiligten Hersteller gilt.

DIE GROSSEN INTERKONTINENTAL-RALLYES

Fast alle Rennen aus der Anfangszeit des Automobils waren internationale Rennen von Hauptstadt zu Hauptstadt: sie sind schon legendär geworden wie Paris—Rouen, Paris—Wien oder Paris—Madrid 1903, das auch das »größte Rennen der Welt« genannt wurde und bei Piloten und Publikum einen derartigen Enthusiasmus auslöste, daß es wegen der schweren Unfälle und des »verrückten Tempos« der damaligen Wagen vorzeitig abgebrochen werden mußte. Ein anderes, immer noch berühmtes interkontinentales Rennen ist Paris—Peking von 1906, das ein Italiener gewonnen hat.

Marathon-Rennen wie Lüttich—Rom—Lüttich und dann Lüttich—Sofia—Lüttich waren bei den Piloten auch sehr beliebt, beim Publikum aber fast unbekannt und erregten nie soviel Aufsehen wie die Rallye Monte Carlo.

Im Jahre 1968 veranstaltete eine englische Zeitung, der »Daily Express«, in Zusammenarbeit mit dem »Sidney Telegraph« eine Rallye interkontinentalen Typs, nämlich London—Sydney, die ausgehend von der englischen Hauptstadt durch Italien, Jugoslawien, die Türkei, Persien, Afghanistan, Pakistan und Indien in die Hauptstadt Australiens führte.

In Bombay schifften sich die »Überlebenden« ein und beendeten die Rallye nach siebentätiger Seefahrt mit einer

Etappe quer durch Australien. Sieger wurde ein Hillmann »Hunter«, der nach einem schrecklichen Unfall, den Bianchi wenige Kilometer vor dem Ziel mit seinem Citroën erlitt, auf den ersten Platz kam. Der Erfolg dieser ersten Rallye war so groß, daß zwei Jahre später eine andere englische Zeitung, der »Daily Mirror«, anläßlich der Fußballweltmeisterschaft wieder eine interkontinentale Rallye organisierte, die World Cup Rallye mit einer Länge von über siebenundzwanzigtausend Kilometern, die mit einem Preis von über 70000.– Mark für den Sieger dotiert war. Anders als die London–Sydney, die die Fahrer etwas zu leicht fanden (von sechsundneunzig am Start kamen sechsundfünfzig an), war die London–Mexiko-Rallye mit zahllosen Hindernissen gespickt, was ihre Anforderungen und damit das Interesse an ihr beträchtlich erhöhte.

Auch dieses Mal leisteten die Firmen, die durch ihre Teilnahme schon die London–Sidney interessant gemacht hatten, nämlich Ford, BMC und Citroën, dem an sie ergangenen Ruf Folge, da das erste Marathon-Rennen so großen Widerhall gefunden hatte. Die Strecke London–Mexiko war ebenfalls in zwei Abschnitte aufgeteilt worden: der erste von siebentausend Kilometer Länge führte in Europa von London über Sofia nach Lissabon, der zweite, härtere, ging quer durch Südamerika. Diese Rallye war viel härter als die erste: von sechsundneunzig Piloten am Start erreichten nur dreiundzwanzig das Ziel: sechsundsechzig Prozent waren ausgeschieden.

Es gab einen überlegenen Sieg des Ford »Escort«, die den 1., 3., 5., 6. und 9. Platz belegten. Fünf von sieben Escorts erreichten das Ziel im Aztekenstadion von Mexiko-City.

Wahrhaftig ein Erfolg für die Rennabteilung von Ford: natürlich hat man nie erfahren, wieviel dieser Sieg gekostet hat; nach dem Rennen wurde von etwa 250000.– Mark gesprochen, andere Schätzungen verstiegen sich sogar aufs Doppelte.

Sieger waren Mikola und Palm, ein Fahrerteam, das für sich selbst spricht und auf dem »Twin cam«-Escort bei der Tausend-Seen-Rallye in Finnland fast unschlagbar war. Ihr Ford Escort stellte eine Art »Fabrikationscocktail« der englischen Ford-Modelle dar: der serienmäßig in das Modell Escort 1600 GT eingebaute Stoßstangenmotor war auf 1834 ccm gebracht worden (Bohrung/Hub 85/80 mm) unter Übernahme vieler Teile aus dem Twin-Cam-Motor; seine Leistung belief sich auf 140 PS bei 6250 U/min, und er konnte mit 80 Oktan-Benzin gefahren werden. Mit diesem Motor war ein ZF-Fünfganggetriebe mit Sperrdifferential gekoppelt.

Wie üblich lag die gesamte Ford-Betreuung in den Händen von Stuart Turner, der sich wieder einmal als einer der fähigsten Rennleiter erweisen sollte.

Einer der Citroën der Rallye London—Mexiko.

Ein Rolls-Royce Silver Shadow bei London—Mexiko.

ord-England gehört zu
en Firmen, die den großen
7erbewert solcher Rallyes
:kannt haben.

Vagen der Ford-Mannschaft
ei einer Kontroll- und
Reparaturpause auf der
Rennbahn von Monza
während der ersten Hälfte
der Marathon-Rallye. Dank
berühmter Rallye-Fahrer
konnte Ford das Klassement
der Rallye London—Mexiko
praktisch für sich buchen.

Der Finne Rauno Aaltonen, einer der besten Rallyefahrer.

Einer der BMC 1800 auf der Rallye London—Mexiko.

Ein Citroën-Werkswagen auf einer Etappe der zermürbenden London-Mexiko-Rallye; die größten Schwierigkeiten galt es in Südamerika zu überwinden.

Der DAF 55 während einer Verschnaufpause in Indien (nächste Seite, oben).

Übersichtskarte der Marathon-Rallye London—Mexiko (nächste Seite, unten).

22-91-GF

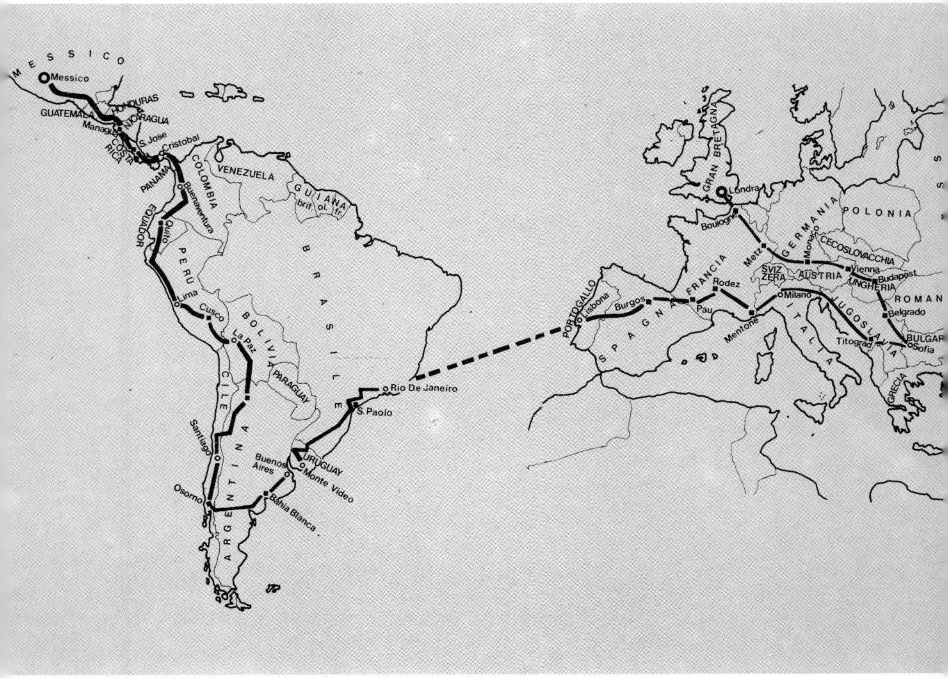
MESSICO
Messico
HONDURAS
GUATEMALA
NICARAGUA
Managua
S. Jose
COSTA RICA
Cristobal
PANAMA
COLOMBIA
VENEZUELA
GUIANA
brit. ol. fr.
Buenaventura
EQUADOR
Quito
PERÙ
Lima
Cusco
BOLIVIA
La Paz
BRASILE
PARAGUAY
Rio De Janeiro
S. Paolo
CILE
Santiago
ARGENTINA
URUGUAY
Buenos Aires
Monte Video
Osorno
Bahia Blanca
GRAN BRETAGNA
Londra
Boulogne
POLONIA
GERMANIA
Monaco
Metz
CECOSLOVACCHIA
Vienna
Budapest
SVIZZERA
AUSTRIA
UNGHERIA
ROMAN
PORTOGALLO
Lisbona
Burgos
FRANCIA
Rodez
Pau
Milano
JUGOSLAVIA
Belgrado
SPAGNA
Mentone
ITALIA
Titograd
BULGAR
Sofia
GRECIA

Monte-Carlo-Szene mit Porsche.

Eine Citroën bei der Ziel-Durchfahrt auf der Rallye Monte Carlo 1952, während gerade eine Radkappe durch die Luft fliegt.

Ein bulliger, majestätischer Armstrong-Siddeley mit Wisdom/Selsdom auf der Rallye Monte Carlo 1952.

Der Sunbeam Alpine eines englischen Fahrers auf einer Sonderprüfung in Monte Carlo 1952. Den gleichen Wagen fuhr auch Stirling Moss.

Der Allard des finnischen Teams Hainisuo/Kukkasniemì.

DIE RALLYE MONTE CARLO

Gepriesen und gescholten ist und bleibt diese Rallye doch immer noch die berühmteste der Welt. Dabei sind sich die meisten Piloten, Techniker und Leiter von Rennabteilungen darüber einig, daß sie die Bedeutung, die das Publikum ihr beimißt, eigentlich gar nicht hat. Sie alle sind der Meinung, daß sie dem jetzigen Stand der Technik nicht mehr entspricht, da die Straßenverhältnisse sich geändert haben und mehr als einmal aus der Winter-Zuverlässigkeitsprüfung auf Eis ein reines Rennen geworden ist. Aber trotz allem bleibt die »Monte« das Hauptziel jeder sportlich interessierten Firma, und jede würde gerne dafür eine ganze Rennsaison opfern. Was macht nun eigentlich diese Rallye so beliebt und interessant, da sie doch, verglichen mit anderen europäischen Rallyes, weder größer oder interessanter noch technisch und fahrerisch ergiebiger ist?
Einen großen Teil ihres Erfolges verdankt sie ganz einfach der Tradition, denn einmal abgesehen von den zahllosen Änderungen des Austragungsmodus ist die Rallye Monte Carlo heute die älteste regelmäßig veranstaltete Rallye. Hinzu kommt die Leistung der französischen Journalisten, die bestimmt zu den geschicktesten ihres Fachs zählen und es hervorragend verstehen, die Dinge »aufzubauen« und ins Bewußtsein des Publikums zu bringen. So war es bei den 24 Stunden von Le Mans, die all-

gemein als das Rennen par excellence für Sportwagen gelten. Und so ist es auch mit Monte Carlo, der »Superrallye«, gewesen. Allerdings ist das nicht der einzige Grund für ihren Erfolg: wenn es dort auch mit vielen Dingen nicht zum besten bestellt ist, so kann man doch eines nicht bestreiten: in Monte Carlo sind stets die besten Fahrer und die besten Wagen ausgezeichnet worden. Wenn man das Goldene Buch der letzten Jahre durchblättert, so findet man darin nie unbekannte Namen, die zufällig einmal Sieger wurden, sondern nur die Spitzenkönner und die besten Wagen, die auch andernorts reiche Erfolge eingeheimst haben.

Heute ist Monte Carlo zu einer Prestigeangelegenheit der größten Firmen praktisch unter Ausschluß der Privatfahrer geworden, die nur unter stärkstem Einsatz von Material und Menschen Aussicht auf Erfolg haben. Angeblich soll die für eine Firma tragbare Kostengrenze gerade in Monte Carlo erreicht werden, es sind schon Gesamtkosten in Höhe von 100000 Mark für einen offiziellen Werkwagen genannt worden.

Somit wird klar, daß »Herrenfahrer« in Monte Carlo praktisch keine Chance haben. Aber wenn auch die Zahl der teilnehmenden »Gentlemen« ständig abnimmt, übt der Name Monte Carlo noch immer seine Anziehungskraft auf die Autoenthusiasten aus, und keiner, der diesem Sport huldigt, hat nicht mindestens einmal mit dem Gedanken gespielt, dort zu starten.

Sehen wir uns nun einmal näher an, wie vor genau sechzig Jahren der Mythos Monte Carlo entstanden ist.

DIE GESCHICHTE DER »MONTE«

In den Jahren vor dem Ersten Weltkrieg, der sogenannten »Belle Epoque«, war der Besitz eines Automobils nicht nur ein wirtschaftliches, sondern vor allen Dingen auch ein Statussymbol, das einer besonders privilegierten Kaste von Sportsleuten vorbehalten war, eine Welt, die der Erste Weltkrieg hinwegfegen sollte. Monte Carlo galt als der Mittelpunkt dieser Welt, die vor allem von reichen, adeligen Engländern geschaffen worden war; um dem Nebel und der Feuchtigkeit ihrer Insel zu entgehen, wärmten sie sich im Winter die Knochen an der warmen Sonne des Mittelmeeres. Auf sie geht eigentlich der noch heute bestehende Nimbus des tollen, des sündhaften Monte Carlo zurück. Natürlich brachten diese Leute aus England die Leidenschaft für den Sport im allgemeinen und für Pferde und Autos im besonderen mit. So entstand die »Woche von Monte Carlo«, eine unter vielen Veranstaltungen, die den an der Riviera überwinternden Ausländern die Langeweile vertreiben sollten. Natürlich durften die Autosportler nicht fehlen, zu den ausländischen (meist Engländern) gesellten sich auch die aus Frankreich. Hauptziel der Veranstaltung war wahrscheinlich, die besten europäischen Automobilisten in einem Club mit Sitz in Monte Carlo zu vereinen. Der erste Schritt zur Bildung einer solchen Auto-Aristokratie bestand darin, wenigstens einmal im Jahr alle Liebhaber des Automobilsports in dem monegassischen Fürstentums zu versammeln und die besten Fahrer zu veranlassen, ihr Können unter Beweis zu stellen.

Die Anfahrt sollte die wichtigsten Städte Europas berühren und so für Monte Carlo und seinen Club werben. Die Idee scheint auf einen französischen Rechtsanwalt, Gabriel Vialon, zurückzugehen, der sich dafür an den damals in Italien so beliebten Radrennen orientierte. Im November 1910 kündigte die größte englische Autozeitschrift, »The Motor«, auf ihren Seiten die erste Rallye nach Monte Carlo an; zugelassen waren Automobile jeden Typs, unabhängig von Hubraum, Leistung und Gewicht. Die Piloten, die »Referenzen« bekannter Clubs vorweisen mußten, sollten von vorher festgelegten großen Zentren starten (Paris, Boulogne, Madrid, Rom, Berlin, Wien, Brüssel, Amsterdam, Genf, Lissabon und St. Petersburg) und in der dehnbaren Zeitspanne von »ungefähr« einer Woche in Monte Carlo eintreffen.

Entscheidend für das Klassement waren Geschwindigkeit, zurückgelegte Entfernung, Anzahl der Mitfahrer und sogar der Zustand, in dem das Fahrzeug in Monte Carlo ankam. Bei dieser ersten Rallye Monte Carlo ging es also nicht um die Geschwindigkeit, es war einfach eine geruhsame Sternfahrt für Herrenfahrer, denen es sicherlich nicht um ein Rennen im eigentlichen Sinn des Wortes zu tun war. Jedenfalls wurde diese Rallye zu dem Erfolg, den die Veranstalter sich erhofft hatten: dreiundzwanzig Unerschrockene starteten zu dieser »Ersten Internationalen Rallye Monte Carlo«, wie sie getauft wurde. Sieger wurde der französische Flieger Henry Rouger mit einem Turcat Mery 25 PS, der neunhundert Kilometer in 28 Stunden und 10 Minuten zurücklegte.

Aber auch in jener Zeit, als das Wort »Ritterlichkeit« noch etwas bedeutete, fehlte es nach Beendigung der Rallye nicht an Anfechtungen, Protesten und Reklamationen. Der von Berlin aus gestartete Hauptmann von Esmarck beanspruchte den Sieg für sich und wies den Preis für den sechsten Platz zurück mit der Begründung, sein Fahrzeug habe mit derartigen Schwierigkeiten zu kämpfen gehabt, daß der Sieg ohne einen Schatten des Zweifels ihm gebühre.

Trotz dieser Vorfälle, die dem guten Ruf einer Veranstaltung niemals zuträglich sind, besonders wenn sie noch so jung ist wie damals die Rallye Monte Carlo, ging man an die Vorbereitungen für die zweite Rallye.

Der Erfolg war beachtlich, die Rallye von 1912 fand das begeisterte Echo der Automobilsportler: alle, die schon das erste Mal teilgenommen hatten, waren wieder dabei, an der Spitze der Flieger Rouger; alle hatten durch die Teilnahme an der ersten Veranstaltung eine gewisse Berühmtheit erlangt, die sie nie erwartet hätten.

Die beachtlichste Leistung bei dieser zweiten Rallye von 1912 erzielte der Franzose André Nagel, der die 3620 km von Petersburg nach Monte Carlo mit einem kleinen Russo Baltique zurücklegte. Sieger wurde jedoch ein Deutscher, Beutler, der mit einem Berliet 16 PS von Berlin gestartet und mit einem Stundendurchschnitt von 29 km in Monte Carlo angekommen war.

Der Deutsche von Esmarch, der im Vorjahr so empört

gegen das Klassement protestiert hatte, erreichte das Ziel als Zweiter.
Den Rallyes der folgenden Jahre war dann nicht mehr so viel Entgegenkommen und guter Wille beschieden. Bekanntlich war es damals mit der politischen Lage nicht zum besten bestellt, die internationalen Beziehungen verschlechterten sich zusehends, alle Länder fingen an, den Teilnehmern die Durchfahrtsvisa zu verweigern und insgesamt die Durchführung der Rallye zu erschweren. Dazu kam noch, daß die Rallye von Monte Carlo noch nicht so berühmt war wie heute und noch nicht ihr Prestige in die Waagschale werfen konnte, um alle nötigen Genehmigungen zu erhalten. So scheiterte die Rallye im Jahre 1913, im Ersten Weltkrieg versank dann diese ganze Welt, deren Spiegel Monte Carlo in gewisser Weise gewesen war, und kein Mensch sprach mehr von den friedlichen Autotouren dorthin.
Es sollten gut zwölf Jahre vergehen, bis die Rallye wieder da war. Die alten Freunde fanden sich von neuem zusammen, man sprach wieder von der alten Idee, vor allem aber kehrten die Autosportler, die der Tragödie des Krieges entkommen waren, wieder nach Monte Carlo zurück und versuchten, da wieder anzuknüpfen, wo sie Jahre vorher aufgehört hatten. So erstand die Rallye zu neuem Leben.
Natürlich folgten auch die Engländer wieder dem Ruf nach Monte Carlo, aber wieder war es ein Franzose, Jean Ledure, der sich mit einem 2-Liter Bignan den Sieg sicherte. Diese Neuauflage der Rallyes von 1911 und 1912 hatte am 22. Januar 1924 begonnen. Wie beim erstenmal

waren vierundzwanzig Fahrer von bestimmten Punkten aus nach Monte Carlo gestartet. Hier waren jedoch ihre Strapazen noch nicht zu Ende, diesmal erwartete sie noch eine zusätzliche Prüfung von etwa hundert Kilometern durch das Gebirge um Monte Carlo, das in dieser Jahreszeit fast immer schneebedeckt war.

Der »Bignan« des Siegers Ledure verdient ein paar Extraworte, denn er wurde für die winterlichen Straßenverhältnisse mit einer Sorgfalt ausgerüstet, die sich in mancher Hinsicht mit der heutigen Vorbereitung eines Rallyefahrzeugs vergleichen läßt: er besaß eine doppelte elektrische Anlage (eine der Hauptpannenursachen normaler Serienwagen zu jener Zeit), zwei Dynamos und zwei Batterien. Zum erstenmal wurden auch Zusatzscheinwerfer montiert und ein schwenkbarer weiterer Scheinwerfer sowie drei Scheibenwischer. Bei der zweiten Neuauflage der Rallye Monte Carlo gab es dann mehr Teilnehmer und mehr Startorte; um sie etwas exotischer zu gestalten, waren auch ein paar afrikanische Städte darunter, und wie auf Verabredung wurde ein tunesischer Teilnehmer, Repusseau, Sieger: er fuhr einen Renault. Da er in Tunis gestartet war, entschlossen sich nun viele Piloten für die afrikanische Strecke. Nach eifriger Werbung durch die Engländer für diese Rallye wurde zum erstenmal ein englischer Teilnehmer auf einem englischen Wagen Sieger.

Es war Victor Bruce auf einem kleinen A.C. Er war merkwürdigerweise der einzige Engländer unter fünfundvierzig Teilnehmern am Start und unter vierundzwanzig am Ziel. Auch dieses Mal gab es eine Zusatzprüfung in der Umgebung von Monte Carlo, eine Art Rennstrecke, die mit derselben Durchschnittsgeschwindigkeit gefahren werden mußte wie die Anfahrt nach Monte Carlo. Auch 1927 zeigten die Rallyeteilnehmer eine gewisse Vorliebe für den Start in Afrika; sie dachten wohl, durch den Start in einer so warmen Gegend anstatt in Nordeuropa das Risiko, im Schnee stecken zu bleiben, ausschalten zu können. Aber das Schicksal spielte ihnen einen Streich, die aus Afrika kommenden Teilnehmer blieben in den Pyrenäen im Schnee stecken, Sieger wurden gerade die Teams aus dem Norden: Lefebvre Despaux, die in Königsberg gestartet waren und die 2000 km in weniger als 25 Stunden auf ihrem »Amilcar« 75 PS mit Kompressor zurückgelegt hatten. Im folgenden Jahr, 1928, wurde der Austragungsmodus etwas abgeändert, um Wagen mit kleinem und großem Hubraum zusammenzufassen. So wurde ein kleiner Fiat 509 Sieger mit Bignan am Steuer, der in Bukarest gestartet war. Mit dem neuen Reglement klappte es aber nicht besonders gut, und so entschlossen sich die Veranstalter zu einer zweiten Änderung; bei der Rallye von 1928 waren nämlich die »Kleinen« etwas zu sehr im Vorteil gewesen. Die vorgeschriebene Durchschnittsgeschwindigkeit nach Monte Carlo wurde erhöht, wodurch Wagen mit kleinerem Hubraum etwas ins Hintertreffen gerieten, die Prüfung bei Monte Carlo wurde weniger hoch bewertet. Die Zahl der Rallyefreunde stieg. 1929 waren nicht weniger als dreiundneunzig Teilnehmer am Start. Diesmal aber wurde die Begeisterung nicht durch schönes Wetter belohnt, der Winter von 1929 war nämlich ungewöhnlich streng; die Fahrerteams bekamen das zu fühlen, nur neunundzwanzig erreichten das Ziel. Ein so strenger Winter mit entsprechend viel Schnee und Eis war wie geschaffen für nordische Teilnehmer, und tatsächlich wurde in diesem Jahr zum erstenmal ein Schwede Sieger. Van Eijk aus Stockholm, auf einem riesigen amerikanischen 4,7-Liter Graham Paige.

Die im Autosport so berühmten dreißiger Jahre bekamen auch Monte Carlo sehr gut, einige französische Firmen, die sich schon bei Rennen einen sehr guten Namen gemacht hatten, wurden nun dank der Rallye Monte Carlo noch beliebter. Da Monte Carlo auch im mondänen und sportlichen Ansehen gestiegen war, verschmähten es einige der berühmtesten Fahrer nicht mehr, mit ihren Boliden ein paarmal an dieser Rallye teilzunehmen. Das gilt für Caracciola, Wimille und selbstverständlich für den Monegassen Chiron. Im Winter, wenn sie keine anderen Verpflichtungen hatten, konnten sie sich diesem »kleineren Bruder« des Rennsports widmen. 1921 finden wir im Goldenen Buch der Sieger einen berühmten Namen, den Engländer Donald Healey, der später ein bekannter Sportwagenkonstrukteur wurde. Er siegte auf einem der schönsten Wagen der damaligen Zeit, dem phantastischen Invicta, der mit einem Viereinhalb-Liter Meadows Sechszylinder ausgestattet war. Damals war die Rallye Monte Carlo noch weit davon entfernt, eine Geschwindigkeitsprüfung in der heutigen Form zu sein, es war einfach ein sympathisches Abenteuer, fast eine Art Regelmäßigkeitsfahrt. In den Erzählungen der Teilnehmer wurde es zu einer Art Odyssee, auf der Wölfe, Räuber, Schneestürme und Lawinen lauerten. Solche Abenteuer, die abends in den Clubs von ganz Europa erzählt wurden, trugen viel zur Ausschmückung der Legende von Monte Carlo bei. Von 1931 an ging man dann dazu über, dieser Rallye einen etwas sportlicheren Anstrich zu geben, indem man eine Ausscheidungsprüfung einführte, eine Art Rundstrecke, die von Monte Carlo über Mentone den Col di Braus erreichte und nach Monte Carlo zurückführte, im ganzen etwa 160 km. Diese Prüfung, bei der es auf Geschicklichkeit und Anpassungsfähigkeit ankam, veranlaßte viele Piloten des Jahres 1932, eine kürzere Übersetzung zu wählen; zwar lag dabei die Höchstgeschwindigkeit bei 80 km/h, dafür waren aber Anzugs- und Beschleunigungsvermögen wesentlich besser.

Gerade in diesem Jahr gab es einen der wenigen tödlichen Unfälle in Monte Carlo: Van Ejik, der Sieger von 1930, wurde aus der Kurve getragen und tötete einen Zuschauer. 1933 begann die Siegesserie der französischen Firma Hotchkiss, der einzigen, deren Wagen sechsmal Sieger wurden. Vasselle eröffnete die lange Reihe ihrer Siege (1932, 1933, 1934, 1939, 1949 und 1950) Das Hauptaugenmerk der Hersteller galt in diesem Jahr der Bodenhaftung auf Schnee, erste Versuche mit Schneereifen wurden gemacht.

Unter den bestausgerüsteten Wagen dieser Zeit wäre der Ford Spider des Teams Zamfirescu/Cristea zu nennen, Rallyesieger des Jahres 1936, der die Vorzüge der großen amerikanischen V 8-Wagen auch in Europa bekannt machte. Es waren die Jahre, in denen auch ein gut vorbereiteter und ausgerüsteter Privatfahrer noch hoffen konnte, Sieger zu werden. Die Geschicklichkeitsprüfungen (Bremsung — Beschleunigung — Manövrieren) wurde nach und nach durch anspruchsvollere, technisch gültigere Prüfungen ersetzt, die auch in den folgenden Jahren beibehalten wurden, und eine Durchschnittsgeschwindigkeit von 60 km/h vorschrieben. Vor dem Ausbruch des Zweiten Weltkriegs konnte sich die Firma Delahaye noch die drei letzten Siege sichern.

Wieder sollte es zehn Jahre dauern, bis der Rallyebetrieb wieder aufgenommen werden konnte. Erst 1949 kamen die Rallyefreunde, 230 an der Zahl, zu einem ersten Treffen in Monte Carlo zusammen. Diesmal aber hatte die Rallye ein ganz anderes Gesicht, für die Punktzahl und damit den Sieg waren nicht mehr die Schwierigkeiten der Anfahrt ausschlaggebend, und so starteten die meisten Teilnehmer in Monte Carlo selbst und kamen nach einer langen Fahrt über Bern, Luxemburg, Amsterdam und Paris wieder zum Ausgangspunkt zurück. Bei dieser zweiten Neuauflage wurde wieder die Marke Sieger, die schon in den dreißiger Jahren so viel von sich reden gemacht hatte, nämlich Hotchkiss mit dem Piloten Trevoux. Dieser Fahrer, der sich auf Talbot auch bei Rennen Erfolge holte, ist bis jetzt der einzige, der viermal in Monte Carlo Siegder wurde (dreimal auf Hotchkiss, einmal auf Delahaye). Hotchkiss gewann 1950 noch einmal mit einem anderen französischen Team. 1951 ist es wieder Trevoux, der wohlgemerkt schon fast zwanzig Jahre vorher Sieger bei der »Monte« gewesen war. Dieses Mal fährt er einen 4,5-Liter Delahaye, eine Marke, die leider bald darauf vom Markt verschwinden sollte. Noch befindet sich Monte Carlo im Pionierstadium, noch haben Privatfahrer gute Chancen; die großen Hersteller haben noch kein Auge auf diese

Rallye geworfen, da sie beim Publikum kein großes Echo findet und folglich keinen besonderen Einsatz lohnt. Das Jahr 1952 ist noch einmal ein Rekordjahr, was die Qualität als auch die Quantität der Teilnehmer angeht. Sieger wird Sidney Allard, englischer Pilot und Konstrukteur in einer Person; er fährt einen Wagen seines Namens, der mit einem starken V 8-Zylinder Ford-Motor ausgerüstet ist.

Will man sich von der ständig steigenden Qualität der Monte-Piloten überzeugen, so genügt ein Blick auf den Namen des Zweiten: Stirling Moss, der einer der größten Champions des Automobilsports werden sollte. Der damals blutjunge Engländer fuhr nicht nur Rennen, sondern auch große Rallyes wie die Monte Carlo oder den Coupe des Alpes, und zwar in der Sunbeam-Mannschaft mit der »Alpine«.

In eben diesem Jahr beginnt Mercedes, das sich gerade vom Zusammenbruch nach dem Krieg erholt hat, auf den Rennstrecken Umschau zu halten.

Bevor es mit seinen weltberühmten Formel-1-Raketen seinen Einzug auf den Rennstrecken hält, oder mit den ebenso berühmten Sportwagen 300 SL, taucht es auch bei Rallyes auf. 1952 gewinnt ein Mercedesteam, bestehend aus den alten Vorkriegsfahrern Caracciola, Lang und Kling, die Markenwertung. 1953 starten 440 Piloten, an der Spitze liegt Ford mit Gatsonides, einem Holländer, der in der damaligen Rallyewelt sehr bekannt werden sollte. 1954 geht der Sieg an einen Lancia Aurelia mit Luis Chiron am Steuer, das einzige Mal, daß ein Grand Prix-Pilot Sieger in Monte Carlo wird.

In den folgenden Jahren suchten die Veranstalter nach einer Formel, die der Rallye Monte Carlo ein höheres technisches und fahrerisches Niveau sichern sollte. Man kann allerdings nicht sagen, daß sie das erreicht haben; bei dem Versuch, Wagen mit großem und kleinem Hubraum zusammenzufassen, kam häufig nur eine eindeutige Bevorzugung der kleineren heraus. So erklärt sich z. B. der Sieg des Teams Monraisse/Feret auf der winzigen »Dauphine«. Der Beifahrer Jacques Feret wurde später eines der Asse der Rennabteilung Renault-Alpine. Auch in den folgenden Jahren blieben die komplizierten Handicapformeln, die eine Bevorzugung der Wagen mit kleinem Hubraum darstellten, in Geltung, und so erklären sich auch die Sieger von 1961, ein Panhard »Dyna«, und von 1962, ein Saab »96« mit Erik Carlsson. Diese beiden Siege bezeichnen in mancher Hinsicht die Wendepunkte der Rallyegeschichte im allgemeinen und von Monte Carlo im besonderen.

Der Sieg des Panhard-Dyna unter Martin Bateau war insofern von Bedeutung, als er die lange Erfolgsserie von Modellen mit Frontantrieb eröffnete, die sechs Jahre anhalten sollte, bevor ihr von Porsche ein Ende bereitet wurde. Ebenso wichtig ist der Sieg Carlssons, weil mit ihm die »nordische Schule« die Führung übernahm, die die meisten Rallyepiloten hervorgebracht hat, die heute die konkurrenzfähigsten Wagen fahren.

1962 wurde der große Kampf um die Europameisterschaft zwischen Carlsson auf Saab und Böhringer auf Mercedes ausgetragen; in Monte Carlo konnte der Schwede den Deutschen ausstechen (dank der ihn begünstigenden

Formel), obwohl dieser im ganzen bessere Zeiten (wenn auch nur um 10 sek.) aufzuweisen hatte. Am Ende des Jahres wurde dann aber doch Böhringer Meister.

Auch 1963 siegte Carlsson wieder mit dem kleinen Saab 850, aber schon erschien am Horizont der phantastische kleine »Mini«. Der »Cooper S« schaffte es, bis 1967 ununterbrochen Sieger zu werden: 1964 mit dem Piloten Hopkirk, 1965 kam Mäkinen an die Reihe, 1966 wieder Mäkinen; in diesem Jahr aber platzte die Bombe der Disqualifizierung. Es wurden nämlich alle drei Minis, die die ersten drei Plätze belegt hatten (1. Mäkinen, 2. Aaltonen, 3. Hopkirk) wegen unvorschriftsmäßiger Lichtanlage disqualifiziert, übrigens ebenso wie Söderströms Ford Lotus-Cortina. So fiel der Sieg an Toivonen auf Citroën. Die Disqualifizierung der »Mini Coopers« von BMC erregte jedoch ein derartiges Aufsehen, daß der Reklameeffekt nicht hätte größer sein können, auch wenn der Sieg gültig gewesen wäre. 1967 wurden die Vorzüge des Mini von neuem unter Beweis gestellt, als Rauno Aaltonen Sieger wurde.

Nun hatte die Rallye Monte Carlo inzwischen, schon seit 1963, vollkommen ihr Gesicht verändert und war zu einer ausgesprochenen Hochleistungsprüfung geworden, und gerade dieser Umstand verhalf dem Frontantrieb viele Jahre lang zum Sieg. Aber schon tauchte am Horizont der neue Beherrscher der Rallyebühne auf: Porsche. Diese deutsche Firma, die schon zweimal (1962 mit Böhringer auf dem »904 GTS«) und 1967 (mit Vic Elford auf dem »911«) dem Sieg nahe gewesen war, errang 1968, wieder durch Elford, endlich den Sieg. Elford hatte den Anfang gemacht, 1969 und 1970 wurde Björn Waldegaard, der neue Stern der Winterrallyes, ebenfalls Erster auf Porsche. Diese drei Siege bewiesen zwar die Stärke von Porsche und die Perfektion seiner Rennorganisation, wurden aber zweifellos auch durch das außerordentlich milde Wetter begünstigt, das Porsche den vollen Einsatz seiner Möglichkeiten erlaubte.

Die Rallye Monte Carlo 1971 brachte den von allen französischen Autosportlern seit Jahren erwarteten Sieg: sie wurde von einer Renault Alpine gewonnen, wenn auch der Pilot, Ove Andersson, Skandinavier war. Ihm folgten aber auf dem Fuß zwei weitere Renault Alpine, die die Überlegenheit der Alpine in diesen beiden letzten Jahren bestätigten.

Die Ausgabe von 1971 war wieder einmal eine traditionelle »Monte«, da sie fast nur auf schneebedeckter Straße gefahren wurde und daher der Zielsetzung dieser Veranstaltung voll entsprach.

WIE WIR DIE »MONTE« FUHREN

Die Rallye Monte Carlo ist jedesmal ein wichtiges Ereignis für einen Fahrer. Noch aufregender wird sie, wenn man zum erstenmal als Werksfahrer für eine große Marke wie z. B. Lancia startet. 1970 war dies der Fall für Amilcare Ballestrieri und Daniele Audetto, die erst zwei Jahre vorher ihre Karriere als Rallyefahrer begonnen hatten. Hören wir ihren Bericht von dem »großen Abenteuer«:

»Ihr könnt euch unsere Aufregung und Freude vorstellen, als man uns mitteilte, daß wir mit dem neuen 1,6 HF die Monte fahren sollten. Gleich Anfang Dezember machten wir uns daran, alle Einzelheiten nochmals zu überprüfen, täglich fuhren wir ohne Ruhepause die größtmögliche Anzahl von Prüfungen herunter, dabei kam uns zugute, daß wir einen Katzensprung von Monte Carlo entfernt zu Hause sind.

Ein ›Gebetbuch‹ nach dem anderen füllte sich mit unseren Notizen. Eine Rallye ist so etwas wie ein Abenteuer, und das Training ist sicher das Interessanteste dabei: es herrscht da eine ganz besondere Atmosphäre, die gar nicht zu vergleichen ist mit der Rallye selbst. Die Fahrer unterhalten sich freundschaftlich miteinander, essen zusammen in den kleinen französischen Restaurants, man lacht, reißt Witze, flüstert sich Tips über die neuen Modelle und die letzten Erfahrungen mit Reifen und Spikes zu. Manchmal

Karl Kling auf Mercedes, einer der berühmten Formel-1-Piloten der Mercedes-Mannschaft in Monte Carlo 1952.

Ein Jaguar Mark VII, der 1956 mit Adams, Johnston und Bigger Sieger in Monte Carlo wurde.

Abgesehen von einem Sieg des Fiat 509 im Jahre 1928 war der erste größere Sieg einer italienischen Firma in Monte Carlo der des Teams Chiron/Basadonna von 1954 auf einem Lancia Aurelia GT (links).

Im gleichen Jahr siegte der Turiner Wagen auf der Sestrière-Rallye mit Ascari/Villoresi (rechts).

Der Citroën DS 19 mit Vorderradantrieb.

Ein schwedischer Saab, unter Carlsson; Monte-Carlo-Sieger 1962 und 1963.

Eine Alpine während einer Sonderprüfung in Monte Carlo 1967.

Der Italiener Ballestrieri auf Lancia.

Ein typischer Streckenabschnitt der Rallye Monte Carlo (nächste Seite).

Waldegaard, der Sieger von 1970.

Ein Lancia Fulvia HF bei einer Sonderprüfung in Monte Carlo 1967.

Ballestrieri am Steuer eines Lancia Fulvia HF 1600.

HF
TOB5
1443

B51443 TO

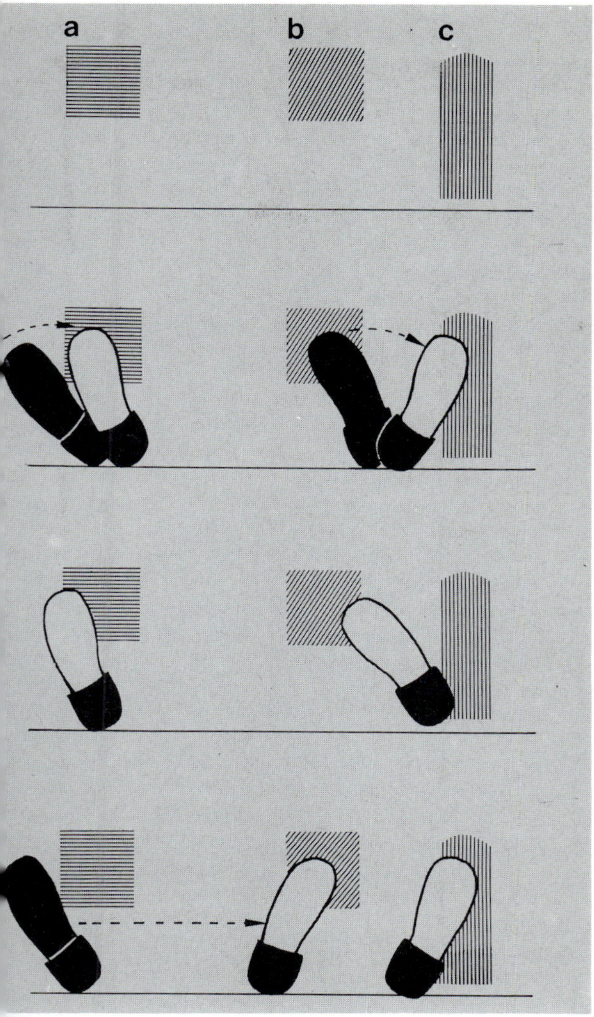

Die Zeichnung verdeutlicht das berühmte Bremsen mit dem link Fuß: a) Kupplungspedal, b) Bre pedal, c) Gaspedal. Normalerwe tritt man mit dem linken Fuß di Kupplung, während der rechte G pedal und Bremse betätigt. Bei d sogenannten Ferse-Spitze- oder Spitze-Ferse-Methode bedient d rechte Fuß gleichzeitig Bremse u Gaspedal. Bei der neuen Technik dagegen geht der Fahrer nach de Kuppeln mit dem linken Fuß au Bremse, während der rechte imm auf dem Gaspedal bleibt.

Ballestrieri im Lancia Fulvia HF 1600 (linke Seite).

Diese Bilderfolge verdeutlicht die richtige Kurvenbahn eines Wagens mit Vorderradantrieb.

Eine zu stark im Grenzbereich gefahrene Kurve mit verspäteter Bremsung. An diesem Punkt wird der Wagen durch kontrolliertes

Schleudern abgebremst, dann das Gaspedal durchgetreten, um aus der Kurve heraus zu beschleunigen.

Die Neigung des Heckantriebs zum Übersteuern kann durch die Straßenverhältnisse noch gesteigert werden. Hier zeigt ein erfahrener

Pilot (Therier) an Bord einer Alpine, wie man sich diese Eigenschaften zunutze machen kann.

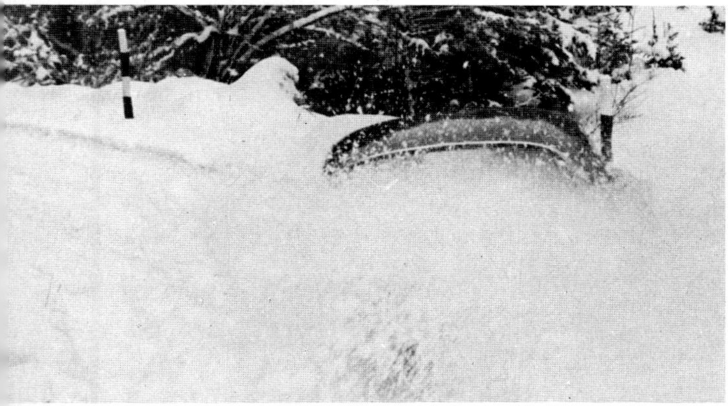

Leo Cella, der damals beste italienische Rallyefahrer, beim Training für die Rallye Monte Carlo 1966; er zeigt mit seiner Fulvia, wie man mit einem Frontantriebsmodell die Kurve vorzeitig ansteuern muß, um möglichst schnell durchzufahren.

Tom Trama, Europa-Rallyemeister, beim Training mit einem normalen Saab 96 auf der Probestrecke in der Nähe der schwedischen Firma.

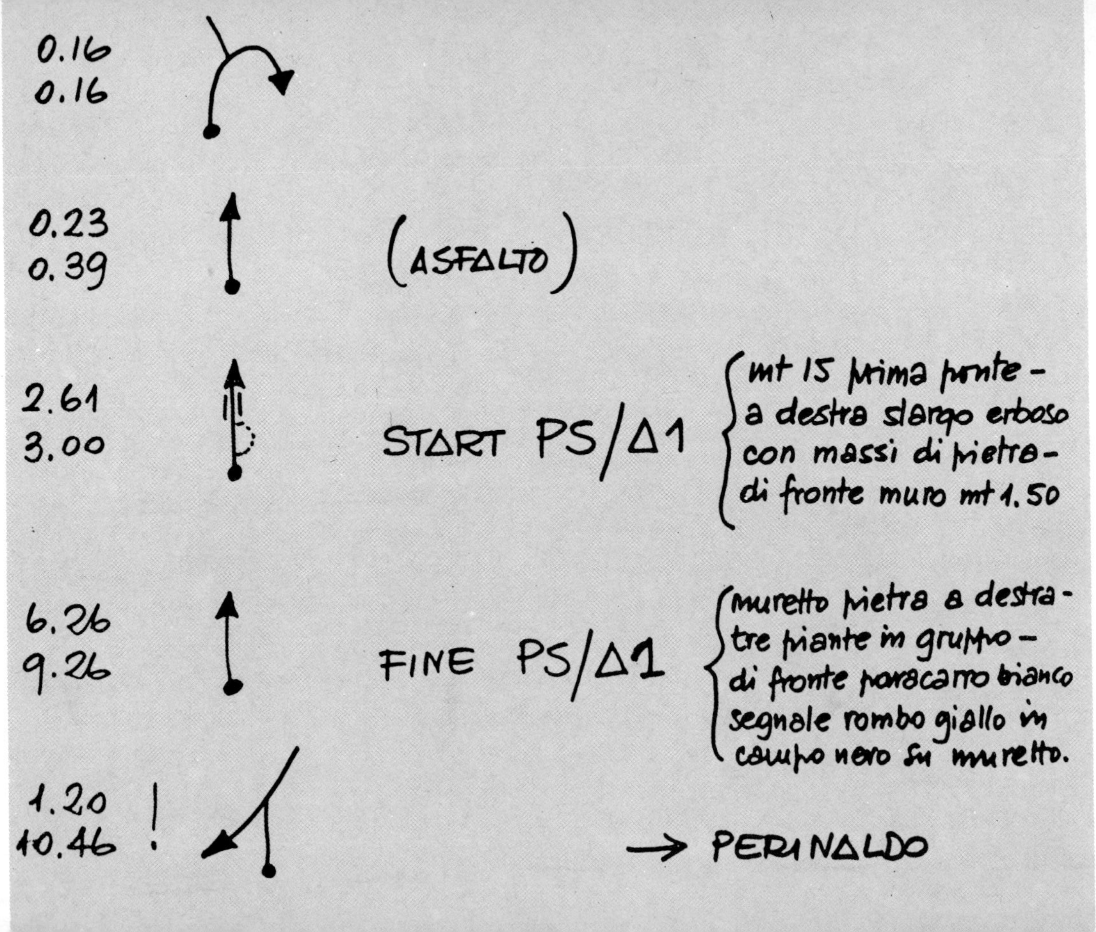

Das »Gebetbuch« zeigt genau die zu fahrenden Etappen und verzeichnet jede Abzweigung, um »Verfranzen« zu vermeiden. Der Pfeil zeigt die Fahrtrichtung an, links werden die Durchfahrtszeiten vermerkt. Bei größeren Rallyes liefert der Veranstalter den Fahrern detaillierte »Gebetbücher«.

Die Kommentare lauten:

(Asphalt)

Start: 15 m vor Brücke — rechts Grasfläche mit Felsbrocken — geradeaus Mauer 1,50 m

Ziel: rechts Steinmäuerchen — Gruppe von drei Büschen — geradeaus weiße Leitplanke auf dem Mäuerchen Schild (gelber Rhombus in schwarzem Feld)

(Ortsnamen)

kommt es sogar vor, ohne daß davon jemand zu erfahren braucht, daß Fahrer die Autos tauschen, um ihre Eindrücke zu vergleichen.
So war auch das Klima, das wir vorfanden, und wir haben sofort Freundschaft geschlossen. Auch bei uns hat es nicht an Abenteuern gefehlt, wie sie allen begegnen. Und natürlich sind auch die ›Ausritte‹ nicht ausgeblieben, denn beim Training ›heizt‹ man besonders ein, um den Grenzwert für jede Kurve zu finden und die Sekundenbruchteile herauszufahren, die schließlich über den Sieg entscheiden. So haben auch wir auf einer der schwierigsten Etappen unseren Unfall gebaut. Am Tag vorher waren wir dieselbe Strecke gefahren: eine äußerst schnelle Gefällstrecke, dann eine Bodenwelle und gleich darauf eine sehr enge Kehre, die Straße vereist, rechts und links hoher Schnee. Die Spur war praktisch durch den Schneepflug vorgezogen. Als Anhaltspunkte für ›Lenkeinschlag‹ und ›Bremsen‹ hatten wir Pfähle am Straßenrand markiert. Als wir nun die Strecke zum zweitenmal fuhren, manövrierten wir genau wie am Vortag: an diesem Punkt bremsen, da ist die Bodenwelle und der folgende ›Sprung‹, aber während wir ›fliegen‹, stellen wir mit Schrecken fest, daß die Straße nicht mehr da ist: der Schneepflug war noch einmal dagewesen und hatte die Strecke etwas verändert. So flogen wir also durch die Luft auf der Suche nach einem ›Landeplatz‹ für unsere Fulvia; zum Glück kamen wir mit dem Schrecken und einer Anzahl von ›Pirouetten‹ davon. Ein deutscher Konkurrent mit einem BMW war uns eine große Hilfe bei dem Unternehmen, unseren Wagen wieder aus dem Schnee zu ziehen. Ein paar Tage später konnten wir uns dann

revanchieren, indem wir dem Deutschen halfen, seinen BMW aus einem Graben zu holen, in dem er nach einem feucht-fröhlichen Abend gelandet war. Aber einmal geht die Trainingszeit zu Ende, und die Rallye tritt in ihr eigentliches Kampfstadium ein.

Als wir unseren ›muletto‹ abliefern, den wir nun so viele Tage lang ›mißhandelt‹ haben, sehen wir endlich unsere nagelneue Fulvia 1600 HF, die wir noch nicht ein einziges Mal gefahren haben. Auch unser Startort wird nun bestimmt. Wir sollen Monte Carlo vom Norden her, und zwar aus Oslo, ansteuern, was wir als gutes Omen nehmen, da viele frühere Montesieger gerade aus Nordeuropa gestartet waren. Am 13. Januar besteigen wir im benachbarten Flughafen von Nizza eine Caravelle und fliegen nach Oslo. Schnell wechseln wir aus unserer schönen Mittelmeersonne in eine typische Winterlandschaft über. Unter uns Schnee, nichts als Schnee. Hoffentlich wird es uns nicht so ergehen wie anderen Fahrern, die im Schnee steckengeblieben sind. Schließlich kommen wir auf die vereiste Osloer Landepiste herunter. Sofort packt uns die Kälte, fast –30 Grad, also die in Norwegen übliche Januartemperatur.

Uns fällt sofort die Geschicklichkeit auf, mit der die Nordländer auf Eis manövrierten. Das ist natürlich bei Leuten, die den größten Teil des Jahres unter Bedingungen verminderter Bodenhaftung fahren müssen. Aber wie hoch ihr fahrerisches Können ist, hatten wir uns doch nicht vorgestellt: auch ältere Herren schlittern mit der größten Selbstverständlichkeit auf dem Eis herum. Eine Technik, die uns so viel Mühe gekostet hatte! Wir sehen uns an

und stellen fest, daß wir den gleichen Gedanken haben: wenn das die normalen Fahrer sind, wie müssen dann erst die Rallyefahrer sein!
Wir begeben uns sofort zur Osloer Lancia-Vertretung, wo inzwischen auch unsere Fulvia auf dem Luftweg angekommen ist. Die Mechaniker sind mit den letzten Kontrollen auch bei dem zweiten Wagen beschäftigt, der von Oslo aus starten soll und den Lampinen und Davenport fahren werden. Wir legen mit Hand an bei den letzten Vorbereitungen, ziehen Schneeketten auf die Ersatzräder und kaufen uns zwei Wolldecken für kurze Schlafpausen. Der Aufenthalt in Oslo ist herrlich, ein unwirkliches Licht erhellt die eisbedeckten Straßen der Hauptstadt, Mädchen, wie wir sie nie zu sehen bekommen haben, alle gleich blond und schön. Schließlich ist der Tag der Abfahrt da: strahlende Sonne bei immer noch 15 Grad unter Null, wir werden toll gefeiert, weil wir das erste italienische Team in der Geschichte der Rallye sind, das von Oslo aus startet. Dann saust die Startflagge herunter und los geht's nach Monte Carlo. Der erste Teil der Fahrt klappt blendend, es gibt keine Schwierigkeiten. Die Überfahrt über die Ostsee nach Polen aber hat es in sich: wir machen uns Sorgen um unseren Wagen und befestigen ihn so gut wie möglich, damit er nicht an die Bordwand schlägt. Dennoch haben das Meer und der Wind ein Opfer gefunden: Ballestrieri wälzt sich in seiner Kabine, ihn hat die Seekrankheit gepackt. Mit Gottes Hilfe kommen wir schließlich beim Morgengrauen in Polen an. Nun haben wir noch die Kleinigkeit von nahezu 3000 km vor uns. Die polnischen Straßen sind ganz gerade, aber sehr schmal und

in schlechtem Zustand. Dafür entschädigt uns die Begeisterung der Bevölkerung, für die ein Sportwagen, und noch dazu ein roter, eine Sensation ist.

Schließlich erreichen wir die Tschechoslowakei. Hier ist die Begeisterung noch größer, die Fans überfallen uns geradezu und versuchen, Aufkleber und Souvenirs von unserem Fahrzeug zu reißen. Auf der Strecke nach Wien, auf der auch Audetto ein bißchen fährt, folgt uns der Ford ›Escort‹ mit Piot/Todt; die ›richtigen‹ Piloten versuchen, sich für den bevorstehenden Kampf auszuruhen. In Wien lassen wir unsere ›HF‹ beim örtlichen Konzessionär überprüfen, alles ist noch in bester Ordnung. Nun kommt eine Fahrt auf normalen Straßen, auf denen man sich nicht verfranzen kann. Reibungslos durchqueren wir Deutschland und überschreiten die französische Grenze. In Gap treffen wir auf die in Athen gestarteten Teilnehmer.

Schon müde kommen wir endlich in Monte Carlo an. Jetzt beginnt die eigentliche Rallye. Die gemeinsame Strecke: Monaco – Chambery – Monaco, nochmals 1600 Kilometer mit neun reinen Geschwindigkeitsprüfungen. Wir Lancia-Leute sind alle ein bißchen enttäuscht: unsere Fulvias fühlen sich am wohlsten auf Eis und Schnee, aber die für uns wichtigsten Etappen wie Chartreuse und St. Jean-en-Royans sind fast durchgehend trocken, ideale Bedingungen für die 240 PS der Porsche, während wir uns mit den 140 bis 150 PS unserer Fulvia begnügen müssen. Die ganze Zeit hoffen wir auf einen unvermuteten Schneefall, wie das früher in Monte Carlo ziemlich häufig vorkam. Unsere ›Aufklärer‹ fahren ein paar Stunden vor uns mit den Kopien unserer Gebetbücher los: sie sollen vereiste oder verschneite Kurven rot anzeichnen, so daß wir schon bei der Abfahrt wissen, welche Reifen wir nehmen müssen. Außerdem kann dann Ballestrieri in den Kurven mehr riskieren, wenn er nicht mit Überraschungen rechnen muß. Aber es gibt wenig Eis, und die Porsche fangen an, die Gegner abzuhängen, besonders unsere Fulvias. Mittlerweile haben Munari und Kallström, die die beiden stärksten Wagen hatten (150 PS), ihre Rallye schon beendet und sind mit Motorschaden ausgeschieden.

Da kommt die Chartreuse, die berüchtigte 45-km-Etappe mit atemberaubenden, vereisten Gefällstrecken, die von den größten Draufgängern mit 170 km/h gefahren wird. Unsere Aufklärer haben uns mitgeteilt, daß auf dem letzten Abschnitt 60 Prozent Eis ist, ideale Bedingungen für unsere Fulvia, die bei wechselnden Straßenbedingungen unschlagbar ist. Hier sind die Porsche im Nachteil, sie dürfen für den ersten Abschnitt nicht zu viel Spikes wählen und kriegen deshalb Schwierigkeiten, sobald sie auf Eis kommen. Und wirklich gibt es bei den beiden ›überlebenden‹ Lancia hervorragende Zeiten: erst der Wagen mit Lampinen/Davenport und dann, 16 Sekunden später, unserer. Unsere Zeit wäre noch besser gewesen, wenn uns nicht ein Fotografenblitz irritiert hätte, so daß wir einen Kurvenfehler machten und Ballestrieri ein paarmal herumgewirbelt wurde. Waldegaards Porsche ist fast zwei Minuten langsamer. Die übrigen Sonderprüfungen sind für unseren Frontantrieb weniger günstig, Waldegaard fährt uns immer weiter davon, so daß wir auf der Strecke Monaco — Chambery — Monaco im Gesamtklassement

Siebte hinter Porsche, Alpine, Ford und Lampinen werden. Wir von Lancia hoffen immer noch auf das Wunder eines Schneefalls für die letzte Nacht am Col de Turini bei der kleinen 600-km-Schleife.
Aber es ist nichts zu machen, die Straße bleibt, wie sie war und Lampinen, der sich von seinem vierten Platz heraufzuarbeiten sucht, muß wegen eines spektakulären Fluges aus der Kurve am Col de la Couillole ausscheiden.
Jetzt sind nur wir noch von Lancia übriggeblieben, und Fiorio sagt uns, wir sollen nicht zu sehr ›heizen‹, um unserer Firma wenigstens den sechsten Platz zu sichern.
So holen wir nicht das Letzte heraus und begnügen uns, hinter Porsche, Alpine und dem Ford von Clark anzukommen. Es ist kein Sieg, aber angesichts der herrschenden Bedingungen können wir zufrieden sein.
Und dabei sollte es nur eine Woche später Schnee auf der ganze Strecke geben!«

WIE FAHRE ICH EINEN RALLYEWAGEN?

Welcher begeisterte Autosportler würde nicht gerne wenigstens einmal einen der heute erfolgreichsten Wagen fahren, einen Porsche, eine Alpine oder Lancia, und selbst einmal ausprobieren, wo die Probleme dieser »Super-Rallyewagen« liegen (sofern sie welche haben)? Um diese Fragen zu beantworten, haben wir Ballestrieri, einen der Lancia-Werksfahrer, gefragt, der seit zwei Jahren die »HF« fährt, welchen Problemen er begegnet ist, als er zum erstenmal in eine Werks-»HF« stieg. Warum war es gerade dieser Wagen?

Unsere Wahl war auf Lancia gefallen, nicht nur weil es der berühmteste und konkurrenzfähigste italienische Rallyewagen ist, sondern noch aus einem besonders schwerwiegenden Grund. Die »HF«, das haben inzwischen alle Fahrer erklärt, die sie gefahren haben, ist einer der am schwersten zu beherrschenden Wagen. Wenn aber ein Fahrer die Lehrzeit einmal hinter sich hat, erreicht er Außergewöhnliches mit ihm. Alles hängt davon ab, wie lange diese Lehrzeit dauert und ob er sie durchsteht.

»Als ich mich zum Rallyefahren entschloß, gab es für mich gar keinen Zweifel, ich warf mich auf den Rat von Leo Cella hin auf die Fulvia HF. Kaum war ich am Lenkrad, da überraschte mich die Leichtigkeit, mit der dieser Wagen bis zu einem gewissen Punkt auf normalen Straßen gefahren werden konnte. Nachdem ich mich erst einmal ganz kurz mit ihm vertraut gemacht hatte, fing ich an, im Rallyestil zu fahren, auf den Straßen der Blumenrallye, die ich vor der Haustür habe. Ich war schon jahrelang Motorrad gefahren und hatte mir, glaube ich, das ›Kurvengefühl‹ angeeignet und kannte meine Grenzen; aber ich stellte sofort fest, daß es mit meiner Fahrerei irgendwie nicht klappte. Wie sehr ich mich auch bemühte, es gelang mir nicht, so wie ich wollte ›loszulegen‹. Jedesmal, wenn ich tüchtig ›heizen‹ wollte, hätte es mich beinahe aus der Kurve getragen. Deshalb gab ich die Fulvia erst einmal auf und ging zum Renault 8 Gordini über, der mir für meine Verhältnisse und meinem Fahrstil besser zu passen schien und außerdem stärker war. Mit dem R 8 kam ich sofort gut zurecht und hatte ihn wirklich in der Hand, obwohl ich von der so völlig andersgearteten Fulvia herkam.

Mit diesem Wagen hatte ich mein Debut als Fahrer (auf der Insel Elba) und wurde bekannt. Kurz darauf trat ich aufgrund dieser Rallye in das Lancia-Team ein und fing wieder an, Wagen mit Frontantrieb zu fahren. Es wurde eine ziemlich lange Lehrzeit. Nicht daß es nicht geklappt hätte, aber es brauchte eine gewisse Zeit, bis ich wirklich mit mir zufrieden war.

Die Fulvia ist nicht leicht zu beherrschen. Man muß sich so viel wie möglich mit ihr abgeben, damit man ihre Geheimnisse und besonders ihr Kurvenverhalten nicht vergißt. Schließlich war ich aber so weit, daß ich glaubte, sie nun so gut zu fahren, wie es mir möglich war. Kommen wir also zu den Fahreigenschaften der Fulvia. Nachdem dieser Wagen nun mehr als vier Jahre lang verbessert worden ist, kann man sagen, daß er fast vollkommen und in allen Einzelheiten ausgereift ist. Er hat aber ein paar Eigenschaften, die fast dieselben geblieben sind. Beim Beschleunigen, vor allem am Kurvenende, werden die Vorderräder etwas unstabil, da alle Autos die Tendenz haben, sich vorne zu heben. Wir haben versucht, diesen Nachteil abzustellen, der sich bei zunehmender Motorstärke immer stärker bemerkbar macht; wir probierten es mit dem Sperrdifferential, teils auch mit positivem Ergebnis; in der Rallyepraxis aber haben wir fast immer darauf verzichtet, da es hier auf die größtmögliche Präzision ankommt, vor allem aber wegen der Anstrengung für die Arme, die man über Tausende von Kilometern durchhalten muß.

Meiner Meinung nach ist es fast unmöglich, die »HF« ohne die berühmte Technik des Bremsens mit dem linken Fuß im Rennstil zu fahren; sie mag gefährlich und anfangs schwer erlernbar sein, aber nur sie erlaubt ein Fahren im Grenzbereich, wenn eine Kurve sehr eng oder verschneit und vereist ist. Da es zu den Eigentümlichkeiten des Frontantriebs gehört, daß der Wagen im Grenzbereich über die Vorderräder ausbricht und dann aus der Kurve schiebt, wenden wir eine ganz ungewöhnliche Technik an.

Nehmen wir einmal an, wir befinden uns vor einer engen Rechtskurve. Wir fahren ziemlich schnell in einer Geraden an und würden bei dieser Geschwindigkeit auch mit starker Bremsung die Rechtswendung nicht schaffen; nun schlagen wir, bevor wir das Lenkrad sofort nach rechts drehen (d. h. im Uhrzeigersinn), kurz ruckartig nach links ein (d. h. gegen den Uhrzeiger). So kommt unsere Fulvia ins Schleudern, wodurch erstens einmal die Geschwindigkeit herabgesetzt wird, zweitens stellt sich der Wagen quer, dreht sich um seine Vertikalachse und erhält so eine Richtung, in der er die Kurve durchfahren kann. Denn sofort nach dem Lenkeinschlag nach links schlage ich das Lenkrad stark rechts ein und richte den Wagen mit der Schnauze auf den Kurveninnenrand. Dann runter von der Bremse und mit aller Kraft aufs Gaspedal, der Motor meiner Fulvia wird schon dafür sorgen, mich aus der Kurve zu ziehen. Man kann sich vorstellen, daß es einer gewissen Überwindung bedarf, beim Ansteuern einer Kurve das Lenkrad in die Gegenrichtung zu drehen, aber diese Technik ist das Ergebnis langer praktischer Übung und ist wenigstens für mich die wirksamste für einen Wagen wie die Fulvia; es ist ein Fahrstil, der sich mit dem ›Wedeln‹ der Skifahrer vergleichen läßt.

DIE TECHNIK DES BREMSENS MIT DEM LINKEN FUSS

Das sogenannte Bremsen mit dem linken Fuß ist zu einer Grundvoraussetzung für die Rallyetechnik geworden, es gibt praktisch keinen Fahrer von einem gewissen Niveau, der diese Fahrweise nicht auf allen Wagentypen, Heck- wie Frontantrieb, anwendet, vor allem aber auf Geröll und Eis. Hier in großen Zügen die Erklärung, worum es sich dabei handelt: beim Kurvenfahren arbeitet man bekanntlich vor allem mit Lenkrad und Gaspedal. Bis vor einigen Jahren war das auch beim Rallyefahren so, wenn der Fahrer die Kurvenbahn korrigieren mußte. Heute dagegen dosiert der Fahrer mit dem rechten Fuß das Gas, mit dem linken tritt er auf die Bremse. So hat er größere Möglichkeiten zur Kurvenkorrektur und kann die Kurve schneller durchfahren.

Das hört sich kinderleicht an und scheint leicht durchzuführen und schnell zu lernen. In Wirklichkeit bedarf es langer Übung, und nicht alle können und wollen sie auf sich nehmen, da es viele Hindernisse und auch Gefahren dabei gibt. Fast jeder Fahrer hat im Laufe der Zeit bestimmte Reflexe erworben, Angewohnheiten, die nur noch schwer zu korrigieren sind, besonders dann, wenn er schon seit vielen Jahren wettbewerbsmäßig fährt. Um die neue Technik zu erlernen, muß man den linken Fuß, der im allgemeinen nur zum Kuppeln benützt wird, nach und nach dazu erziehen, ebenso schnell und prompt zu reagieren wie der rechte; diese Gleichmäßigkeit der Reflexe in beiden Beinen spielt eine entscheidende Rolle.

Die Hauptgefahr liegt dabei in der langen Lernzeit, bei der es leicht zu Unfällen kommt, da man im entscheidenden Augenblick leicht die Füße verwechselt und nicht mehr weißt, was man tun soll; so kann es vorkommen, daß man bremst anstatt zu kuppeln.

Deshalb raten wir jedem, der diese neue Technik wirklich erlernen will, sich kleine Straßen abseits vom Verkehr zu suchen und sich einen Notausgang zu suchen, um auch dann, wenn er die Kurve nicht mehr schafft, kein zu großes Risiko einzugehen. Es ist nämlich schon oft vorgekommen, daß jemand bei dem Versuch, das Bremsen mit dem linken Fuß zu lernen, an einem Baum gelandet ist oder nur wie durch ein Wunder dem Gegenverkehr ausweichen konnte. Wer also diese Technik lernen will, muß aufpassen, da es sehr gefährlich werden kann.

Nachdem nun das Bremsen mit dem linken Fuß in groben Zügen erklärt ist, sehen wir uns einmal näher an, wann diese Technik entstanden ist, was für Vorteile sie bietet und wo man sie anwenden kann.

Etwa 1960 verbreitete sich das Gerücht unter Technikern und Rallyepiloten, daß der große Erik Carlsson eine seltsame Fahrtechnik anwandte, die darin bestand, mit dem rechten Fuß den Gashebel zu treten und gleichzeitig mit dem linken zu bremsen. Dieser Fahrweise schrieb man die ungewöhnlichen Erfolge zu, die der schwedische Ingenieur mit seinem Saab bei Winterrallyes erzielte. Wenn man

Carlsson darüber befragte, schüttelte er den Kopf, grinste und sagte, das seien Märchen. Er hütete eifersüchtig sein Geheimnis, wahrscheinlich das Ergebnis langer Versuche mit dem Frontantrieb, da er ja praktisch der Leiter der kleinen Saab-Rennabteilung war. Trotz seiner Dementis verbreitete sich das Gerücht jedoch weiter, und andere schwedische und finnische Piloten fingen auf eigene Faust und ohne Anweisung durch Carlsson an auszuprobieren, was mit dieser Technik auf den langen vereisten Gefällstrecken auszurichten war. Ein paar Jahre später fuhren alle nordischen Asse so und bald darauf auch die anderen. Durch ihre Siege in Monte Carlo verhalfen Mäkinen und Aaltonen dieser Technik zum Durchbruch und machten sie damit allgemein bekannt.

WIE ES GEMACHT WIRD

Wie erwähnt, ist die Technik des Bremsens mit dem linken Fuß vor allem durch die Skandinavier auf kleinen Wagen mit Vorderradantrieb wie Saab oder Mini Cooper berühmt geworden. Merkwürdigerweise bewährt sie sich aber auch beim Hinterradantrieb, und sogar bei hinter den Hinterrädern liegendem Motor, und wir werden gleich sehen, warum. Nehmen wir als Beispiel einen Wagen mit Frontantrieb. Jedermann weiß inzwischen, daß diese Wagen die Tendenz zum Untersteuern haben, d. h. sie vergrößern den Kurvenradius oder brechen, wie man auch sagt, vorn aus; beim Frontantrieb verlieren immer zuerst die Vorderräder die Bodenhaftung. In diesem Fall können die Vorräder den Kurvenradius nur ganz wenig beeinflussen. Wenn man nun in der Kurve ist, tritt man mit dem linken Fuß die Bremse und erreicht so, daß die blokkierenden Hinterräder die Bodenhaftung verlieren, der Wagen also übersteuert, während der rechte Fuß die ganze Zeit das Gaspedal herunterdrückt. Durch abwechselndes »Spiel« mit Bremse und Gaspedal mit beiden Füßen kann man so die Kurve schneller durchfahren, und zwar deshalb, weil beim Bremsen in der Kurve die Hinterräder besser angesprochen werden, da sie praktisch entlastet sind und daher als erste blockieren. Durch diese Blockierung greifen die Hinterräder nicht auf dem Untergrund, das Heck des Wagens beginnt zu driften und der Wagen dreht sich um die eigene Vertikalachse.

Indem man sich so die eigentlich für den Heckantrieb typischen Eigenschaften zunutze macht, kann man eine Kurve auch mit einem Fronttriebler schneller als gewöhnlich durchfahren. Ein derartiges Manöver, das an sich ziemlich einfach ist, bedarf aber wie gesagt der Übung, da sich die Reflexe ebenso wie die Muskeln und Nerven umstellen müssen, damit man es zum richtigen Zeitpunkt und in Sekundenbruchteilen durchführen kann. Natürlich

gibt es Abweichungen von diesem Grundschema, die bei jedem Piloten verschieden sind.
Manche ziehen es beispielsweise vor, nur den rechten Fuß zu benutzen, um das Brems-Beschleunigungsmanöver in der Kurve zu vollziehen: das kommt praktisch auf ein Spitze-Hacke-Fahren auch in der Kurve hinaus. Leo Cella bevorzugte zuerst diese Technik. Andere vollführen die erste starke Bremsung vor der Kurve wie sonst üblich mit dem rechten Fuß, dann fahren sie weiter mit dem rechten Fuß auf dem Gashebel und dem linken auf der Bremse. Andere wieder benutzen viel die Handbremse, die auf die Hinterräder einwirkt, um das Wegdriften des Hecks (das Bremswirkung hat) zu verstärken. Es ist allerdings schwierig, beim Durchfahren der Kurve gleichzeitig das Lenkrad zu halten und die zwischen den Sitzen liegende Handbremse zu ziehen; aber viele bringen das fertig. Manchmal wird auch der Bremskraftbegrenzer ausgebaut, der eben das Blockieren verhindern soll, um so die Einwirkung auf den rückwärtigen Wagenteil zu steigern. Viele Fahrer lassen den Wagen sogar schon wegdriften, bevor sie in die Kurve einfahren, da das »Wedeln« hinten gleichzeitig das Trägheitsmoment des Wagens herabsetzt und das Lenkrad früher in der Drehrichtung der Kurve eingeschlagen werden kann; so driften sie durch die ganze Kurve, wobei der Motor immer auf Höchstleistung bleibt. Die Vorteile des Bremsens mit dem linken Fuß sind am größten bei Modellen mit Frontantrieb, bewähren sich aber auch beim Heckantrieb. Hier neigt der Wagen bei schneller Fahrt stets zum Übersteuern, d. h. er stellt sich auf den Kurveninnenrand ein. In diesem Fall kann der

Pilot bekanntlich nichts anderes tun als gegensteuern. Aber diese einzige Methode, die er anwenden kann, hat auch zur Folge, daß der Wagen anfängt zu kreiseln. Auch hier kann die Zwei-Pedaltechnik zuhilfekommen, da das Gegensteuern dadurch vermieden werden kann. Bevor nämlich noch der Grenzbereich erreicht ist, wird die Bremse kräftig durchgetreten, der Wagen, der schon hinten ausbrechen und den Kurvenradius verringern wollte, blockiert mit den Vorderrädern, die zu driften beginnen, und die Bremsung bewirkt, daß der Wagen nunmehr vorne ausbricht und die Kurve auf der Ideallinie durchläuft. Die Verhältnisse sind hier umgekehrt wie beim Frontantrieb. Aber drehen, und man kann immer mit der Kraft der Antriebsbenen Räder haben eine geringere Tendenz zum Durchdrehen, und man kann immre mit der Kraft der Antriebsräder rechnen. Auch das Innenrad, das dazu neigt, abzuheben, wird »festgehalten«, und so kann die Kraft sich auch auf das belastete Außenrad auswirken.

Ein weiterer Vorteil dieser Technik, der für alle Typen gilt, ist die Verminderung der Schlingerbewegung (d. h. des Schwingens um die Querachse), da der Wagen stärker am Boden haftet und daher weniger die Gefahr besteht, daß er ins Schleudern kommt oder sich zu sehr neigt.

Natürlich gibt es neben den oben erwähnten Gefahren noch andere, die mehr technischer Natur sind. Der intensive Einsatz der Bremsen bewirkt übermäßige Erhitzung der Bremsbeläge und damit der Bremsflüssigkeit. Deshalb ist es schon oft vorgekommen, daß plötzlich die Bremsen ausfielen, die Folgen kann sich jeder leicht ausmalen. Es ist daher anzuraten, die ganze Bremsanlage häufig zu über-

Leo Cella und Luciano Lombardini waren zweifellos das beste italienische Team. Hier fahren Sie die Rallye Monte Carlo 1967.

Der Citroën hat sich auf Rallyes mit viel Schnee immer von seiner besten Seite gezeigt, in Monte Carlo konnte er 1966 Sieger werden.

Monte Carlo 1968, kein Glücksjahr für Lancia.

Die Rallye geht los, der aufregendste Augenblick vor allem für neugebackene Rallyefahrer.

LONGINES
P
55
ZUOZ
ROMA 62

wichtigsten Kürzel für die
lerprüfungen. Der Navi-
r liest dem Piloten die
ue Kurvenbeschreibung
so daß dieser die Kurve
r in der möglichen Höchst-
windigkeit durchfahren
. Die Streckenbeschreibung
während des Trainings
mmengestellt. Hier ein
piel aus der italienischen
yepraxis.

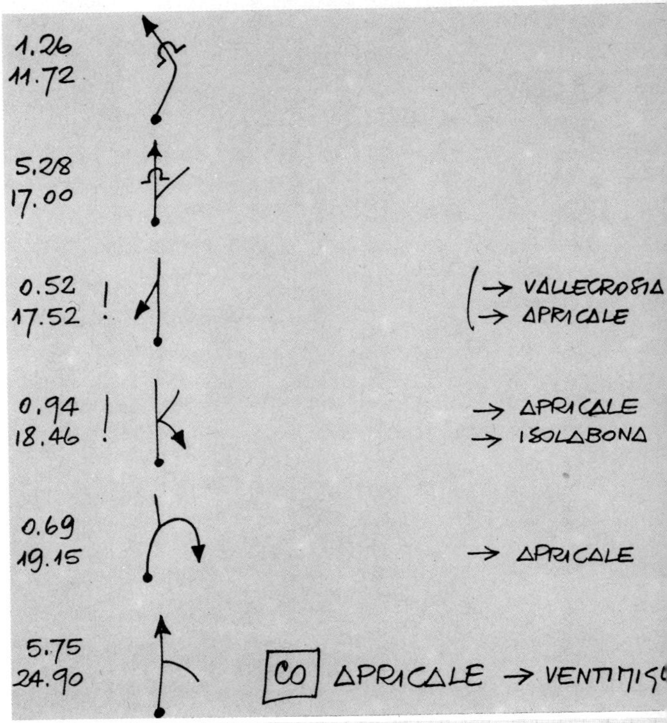

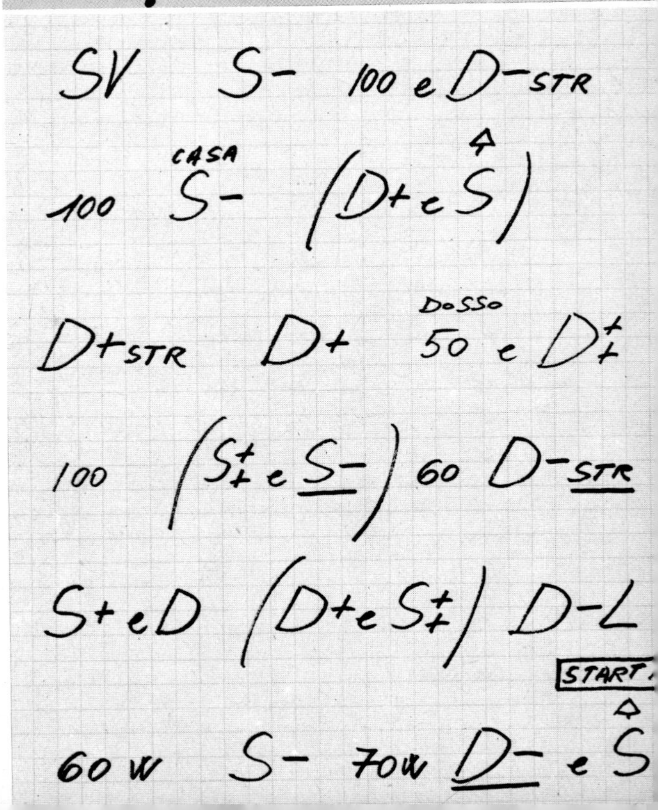

hste Seite: Der Hexen-
ter Clark auf seinem
rt auf der England-Rallye
.

Eine Werks-Alpine in San Remo 1968.

Welche Wagen sind die besten? Lancia Fulvia (oben links), Porsche 911 S (oben rechts), Fiat 125 S (unten links), Renault Alpine (unten rechts).

Einer der sagenhaften Minis in Monte Carlo (links).

Der Saab Carlssons in Monte Carlo 1965.

Der Lancia HF 1300 mit Cella Lombardini auf der 7. Blumenrallye.

Der VW-Porsche 914 Sechszylin gab nur ein kurzes Debut auf Rallyes. Seine Mittelmotor-Konzeption erwies sich nicht als erfolgreich (oben).

Ein halboffizieller Fiat 124 Spi auf den Straßen Elbas, 1970 Sie der Italienischen Meisterschaft (Mitte).

Ein Lancia HF 1 600 auf der Rallye der Insel Elba 1970 (lin

Ceccato/Eisendle auf einem Fiat 125 Spezial, ein erfolgreiches Team der Saison 1970, Sieger der Italienischen Meisterschaft in der Gruppe Serientourenwagen.

Paganelli/Russo auf Fiat 124 Spider.

llye San Remo 1968: Einer der fiziellen HF. In diesem Jahr minierten die Turiner Wagen f der Rallye auch dank der htigen Bereifung.

ifen, die auf der Rallye onte Carlo verwendet werden. +S-Reifen von Pirelli für euschnee.

Die Alpine, einer der interessa-
sten Wagen der letzten Rallyes,
auf der Akropolis-Rallye 1970.

Dunlop-Spezialreifen mit Keil-Spikes.

er Kléber V 10 M+S-Reifen, ıter der Bezeichnung »Gürtel-ifen« herausgebracht, weist ıen ausgeprägten »Abroll-'ekt« auf, ähnlich wie ihn ettenfahrzeuge haben, h. die gesamte Lauffläche ückt sich auf Schnee- oder suntergrund in die Breite, odurch eine gleichmäßige ruckverteilung bewirkt wird. ıch auf normaler Straße erden Unebenheiten (Schlag-cher, Steine etc.) weich fgefangen, ohne daß der ıangenehme Rütteleffekt r üblichen Winterreifen ıftritt. Der V 10 M+S wäre cherlich gut geeignet für die erstellung von Spikesreifen.

iese Reifentypen verwendete ıncia für seine HF in Monte ırlo 1968.

Die Ford-Werksmannschaft 1968 mit dem erfolgreichen Ford Escort Twin-Cam.

Ein Werks-Porsche auf der Rallye Monte Carlo.

Der Ford Escort von Andersson und einer der 124 Spider in San Remo 1968.

prüfen, besonders wettkampftaugliche Spezialbeläge zu verwenden, die Bremsflüssigkeit oft zu erneuern und auch hier einen Spezialtyp zu verwenden.
Beschließen wir dieses Kapitel über das Bremsen mit dem linken Fuß mit einem Ausspruch des großen Rauno Aaltonen, dem Europameister von 1965 und mit Mäkinen größtem Vorreiter dieser Fahrtechnik, die auch durch ihn bekannt geworden ist; er pflegt nämlich zu sagen: »Es gibt fünf Arten des Kurvenfahrens: Schleudern, Drehen, Beschleunigen, mit durchgetretenem Gaspedal fahren und meine Methode, die eine Kombination der anderen vier ist. Ich habe drei Jahre gebraucht, um diese Technik zu lernen und beherrsche sie heute, glaube ich, fast vollkommen, aber auch heute würde es mir nicht im Traum einfallen, sie beim Alltagsfahren anzuwenden: dazu ist sie viel zu gefährlich.«

WIE WIRD EINE RALLYE VORBEREITET?

»Jedes Fahrezug muß mit zwei Fahrern bemannt sein, die im Besitz der vorgeschriebenen Lizenz sind.«

Dieser Satz findet sich in allen Rallye-Ausschreibungen. Parallel zur wachsenden Bedeutung der Rallye als Wettkampf, als unersetzlicher Prüfstand für Serienwagen und auch für die Werbung, hat sich auch die Rollen der beiden Fahrer zunehmend spezialisiert. In den Rallyes der fünfziger Jahre waren es gewöhnlich zwei Freunde, die sich in das Abenteuer stürzten und sich die Strecke so einteilten, daß immer der am Steuer war, der den betreffenden Abschnitt am besten kannte, oder sie wechselten einander wie auf jeder langen Fahrt dann ab, wenn einer müde war. Zum Beginn der sechziger Jahre saß bei den Zeitprüfungen der schnellere am Steuer, der andere übernahm die übrigen Strecken. Man fuhr natürlich nur mit der Ausschreibung und wenig mehr als ein paar Straßenkarten. Bei italienischen Rallyes waren es zuerst die Schnellsten, die sich einen Namen machten, ein Cella, Patria, Frescobaldi, Taramazzo, Pianta usw., sie fuhren mit einem Freund, der möglichst Mechaniker war.

Bei den skandinavischen Teams fiel dann auf, daß der Pilot durch die ganze Rallyesaison fast immer den gleichen Copiloten hatte, und es wurde bald klar, was für eine wichtige Rolle dieser Mann spielte. Man erfand das »Streckenstenogramm«, auch »Gebetbuch« genannt, es gab die verschiedenen Pläne für Pannenhilfe und Service und alle die anderen kleinen, aber wichtigen Dienste, die heute zum besonderen Aufgabenbereich des zweiten Fahrers gehören. So fing man auch in Italien an, nach »Navigatoren« Ausschau zu halten, die bereit waren, sich auf diesem heiklen, aber wichtigen Gebiet zu spezialisieren, das weithin unbekannt ist und wenig gewürdigt wird.

Jedermann weiß, was die »Nummer Eins« zu tun hat. Er ist der Pilot, er sitzt am Steuer und hat deshalb eine große Verantwortung, ein Versehen seinerseits kann zu einer Landung in einer Schlucht oder an einer Mauer führen, und der Beifahrer, der nichts dafür kann, muß mit. Der »zweite Mann«, besser Beifahrer oder Copilot, ist für die meisten Leute ein unbekannter Verrückter, der sich neben den Fahrer setzt, nur weil das Reglement das so vorschreibt; für andere ist er nur ein Name neben dem Champion und nichts weiter. Hieran ist vor allem die Presse schuld, auch die Fachpresse, die seine Rolle selten ins rechte Licht gerückt hat. Ein »Franzer« von Rang muß über außergewöhnliche physische und psychologische Eigenschaften verfügen; oder ist es etwa leicht, bei einer Tour de Corse nicht seekrank zu werden, bei einer Sonderprüfung auf Geröll wie bei der »San Remo« kaltblütig zu bleiben oder die über 500 km lange strapaziöse »Monte« durchzuhalten?

Während der Fahrer bei Sonderprüfungen und witterungsbedingt schwierigen oder kurvenreichen Strecken am Steuer sitzt, muß der Beifahrer unentwegt das Gebetbuch vorlesen, Zwischenzeiten und Fahrtrichtungen angeben. Bei leichteren Prüfungen kann sich dann der Fahrer einmal ausruhen, während der Beifahrer alles allein macht. Sehen wir uns nun einmal näher an, wie die Vorbereitungen für eine Rallye aussehen, was man unter »Stenogramm« oder »Gebetbuch« versteht und worin eigentlich die Arbeit des Navigators besteht.

Bei einer Rallye hat man von einem bestimmten Punkt, dem Start, zu einem anderen Punkt, dem Ziel, zu fahren und dabei der in den Ausführungsbestimmungen vorgeschriebenen Streckenführung zu folgen und soweit wie möglich die vom Veranstalter vorgesehenen Zeiten einzuhalten. Zur Kontrolle dafür, daß Strecke und Zeiten eingehalten werden, bekommt jedes Team vom Veranstalter eine Bordkarte, die an den verschiedenen Kontrollen vorgelegt werden muß. Dies können sein:

– Zeitkontrollen. Hier wird die Durchfahrt des Wagens festgestellt und die Durchfahrtszeit in die Bordkarte eingetragen, und zwar in dem Augenblick, in dem einer der beiden Fahrer dem Zeitnehmer die Karte übergibt, eventuell auch durch eine Stempeluhr; in diesem Falle muß einer der beiden Fahrer die Bordkarte in die Stempeluhr stecken und durch Hebeldruck die Zeit registrieren lassen.

– Durchfahrtskontrollen: hierbei wird überprüft, ob das Team genau die Strecke einhält, und ein Stempel auf die Bordkarte gegeben; die Zeit spielt keine Rolle.

– Sonderprüfungen: werden auf besonders schwierigen Streckenabschnitten vorgenommen und entscheiden gewöhnlich über das Gesamtklassement. Bei vielen Rallyes ist eine Sollzeit dafür vorgeschrieben (die fast nie eingehalten werden kann), bei anderen ist die Zeit nicht festgelegt; wer am schnellsten ist, bekommt am wenigsten Strafpunkte. Bei Sonderprüfungen ist die Strecke für den übrigen Verkehr gesperrt.

Wie wird nun eine Rallye vorbereitet? Man fängt damit an, sobald man die Ausschreibung in der Hand hat. Diese muß man aufmerksam durchlesen, besonders was die verschiedenen Kontrollen, das Strafpunktesystem, die technischen Kontrollen, den Parc fermé, Sonderaufgaben etc.

betrifft. Man sucht sich die Strecke heraus, beschafft sich die passenden Straßenkarten, mindestens im Maßstab 1:200000. In der Mappe des Navigators müssen Filzschreiber verschiedener Farben vorhanden sein. Ein gelber dient zur Einzeichnung des Streckenverlaufs auf der Karte, er hat den Vorzug, daß die manchmal kaum sichtbare Schrift darunter lesbar bleibt. Beim Einzeichnen der Strecke kann man sich schon eine ungefähre Vorstellung von den Schwierigkeiten der verschiedenen Prüfungen machen; handelt es sich um eine rote oder gelbe, nicht sehr kurvenreiche Straße, ist sie wahrscheinlich leicht, sind es dagegen Nebenstraßen oder sehr kurvenreiche Straßen, könnte die Strecke schwierig sein. Anhand der Streckenlänge, der Anzahl der Sonderprüfungen und der irgendwie mit Schwierigkeiten verbundenen Kontrollen läßt sich dann die Zahl der Trainingstage berechnen. Dabei ist es immer besser, reichlich zu rechnen, denn leider fehlt es nie an Überraschungen, durch die Zeit verloren geht. Der Pilot sorgt für die Ausrüstung des »muletto« (d. h. des Wagens für das Training), zu der ein wirksamer Wagenheber, mindestens zwei Ersatzräder, Ersatzscheinwerfer, ein Benzinkanister, Zündkerzen und die wichtigsten Ersatzteile gehören wie Gaszug, Bremsbeläge, Ventilatorriemen, etc. Bei Winterrallyes kann eine Schaufel sehr nützlich sein ...

Für den Navigator sind die sogenannten »Diplomatenkoffer« sehr praktisch, in denen Karten, Hefte, Kugelschreiber und Filzstifte, ferner die Ausschreibung, eine Lupe, eine Taschenlampe, Fahrer- und Wagenpapiere, Hotel- und Gaststättenführer und die Chronometer übersichtlich Platz finden: eine Stoppuhr (für Teilstreckenzeiten), und eine zweite, die um den Hals oder am Armaturenbrett befestigt wird. So ausgerüstet kann es mit dem Training losgehen. Wichtig, aber oft vergessen wird ein kleiner »Erste-Hilfe«-Koffer, es passiert leicht, daß man sich beim Radwechsel am Finger verletzt oder bei einer Reparatur in die Hand schneidet.

Bei einer unbekannten Strecke ist es am besten, das Training am Start zu beginnen und sich auf die Sonderprüfungen und schwierigen Abschnitte zu konzentrieren. Sobald man am Start angekommen ist und den Wagen in Fahrtrichtung gestellt hat, nimmt man ein Heft und schreibt oben auf die erste Seite den Namen der ersten Etappe. Nehmen wir einmal die Rallye d'Italia:

1. SAN REMO – COLIRODI
km 8 – t = 15'
Start 0.00 Piazza Eroi Sanremesi

Zuallererst kommt also die Angabe der Teilkilometer, d. h. von einem Bezugspunkt zum nächsten und dann der folgende Abschnitt.

Wie wird eine Etappe kilometriert? Dazu ist ein Trip- oder Twinmaster von Vorteil, d. h. ein Präzisions-Kilometerzähler mit Zehnmeterzählung, der vor dem Beifahrersitz auf dem Armaturenbrett angebracht wird. Der Twinmaster hat zwei Zählwerke, gleicht aber sonst dem Tripmaster.

Bei diesem muß man die laufenden Kilometer eintragen und in einem zweiten Arbeitsgang die Teilkilometer ausrechnen. Wer nicht das Glück hat, so ein kostbares Instrument an Bord zu haben, kann die Einzelentfernungen mit den üblichen Serien-Kilometerzählern errechnen. Man stellt dann den »Master« auf Null, nimmt Heft und Stift in die Hand und die vorher angezeichnete Karte auf die Knie und fährt zur »Aufklärung« los, wobei man nicht vergessen darf, den Zeitmesser einzuschalten. Nach 200 Metern kommt der erste Bezugspunkt, ein Stopschild, hier geht es nach links. Es ist eine »T«-Abzweigung, die folgendermaßen bezeichnet wird: 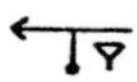 Der schwarze Punkt vermerkt die Richtung, aus der man kommt, der Pfeil die einzuschlagende Richtung.

So sehen die wichtigsten Abzweigungen aus:

Alle Bezugspunkte oder Hinweise sind zu notieren.

Hier einige der am häufigsten verwendeten Zeichen:

Vor der betreffenden Angabe vermerkt man die Teil- und die laufenden Kilometer, darunter auf der gleichen Zeile die gebrauchte Zeit:

Am Ende jeder Etappe wird der Master auf Null gestellt und die tatsächlich gefahrenen Kilometer mit den von den Veranstaltern angegebenen verglichen, man notiert die Zeit, die man gebraucht hat und die wichtigsten Streckenmerkmale.

Es kann z. B. bei einer Etappe heißen: die ersten 20 km

schnelle Strecke, die letzten 10 km Gefälle, rutschig. Training bei starkem Regen; Vorsprung 5 Min. Man verläßt sich besser nicht auf sein Gedächtnis und schreibt sich diese Einzelheiten auf, auch wenn sie im Augenblick unwichtig erscheinen. Bei »heißen« Etappen und Sonderprüfungen gilt ein komplizierteres System. Man notiert nicht nur alle Abzweigungen und Straßenschilder, sondern Kurve um Kurve die ganze Strecke. Das ist die heikelste Arbeit bei der ganzen Rallyevorbereitung und kostet die meisten Nerven. Aber sie verbürgt auch ein Maximum an Schnelligkeit und Sicherheit, vorausgesetzt, daß perfekte Arbeit geleistet wird; andernfalls geht man böse Risiken ein und der Pilot täte immer noch besser daran, zu improvisieren, als nach einem über den Daumen gepeilten »Gebetbuch« zu fahren. So heißen nämlich im Rallyejargon diese Aufzeichnungen, in denen jede Kurve festgehalten wird.

Jedes Team hat seine besondere Methode, aber eine der besten ist die nachfolgend geschilderte. Jede Kurve wird durch ihren Radius definiert. Die engste heißt »Spitzkehre«, die größte »weit«. Zwischen den beiden Extremen liegen, wenn man von der langsamsten ausgeht, die »trokkene« und die »minus«, die im ersten Gang gefahren werden müssen, die »mittlere« im zweiten, die »plus« im zweiten mit Vollgas oder im dritten mit halben Gas; eine »plus-plus« fährt man im dritten oder vierten, eine »schnell-minus« im vierten, die »schnelle« im fünften und die »volle« mit Höchstgeschwindigkeit. Diese Bezeichnungen sind natürlich nur relativ zu verstehen, sie sollen die Art einer Kurve verdeutlichen. Es ist klar, daß eine Kurve mit mittlerem Radius, die auf eine »trockene« folgt, als »voll« eingestuft wird und nicht im fünften Gang, sondern mit voller Beschleunigung gefahren werden muß. Dasselbe gilt für eine Gefällstrecke, wenn nach einer sehr schnellen »gemischten« Strecke und 200 m Gerade eine Kurve kommt: auch wenn ihr Radius an sich schnell ist, ist sie doch nur »plus-plus«, sonst käme man im fünften Gang auf 200 Stundenkilometer! Dann gibt es noch die Schattierungen, die weiter oder enger werdende Kurve, die »lange« oder die »plus«-Kurve, die zur »mittleren« wird und manche andere. Gewöhnlich diktiert der Pilot dem Navigator das Stenogramm während der Aufklärung, dieser muß rasch und fehlerlos unter Stoßen und Rütteln schreiben können. Am besten nimmt er einen Filzstift und schreibt ziemlich groß.

Abgekürzt wird auf folgende Weise: L = Linkskurve, R = Rechtskurve. Dazu kommt der Kurvenwert: sp L = Spitzkehre links, tr L = Linkskurve trocken, –L = Linkskurve minus, m L = Linkskurve mittel, +L = Linkskurve plus, ++L = Linkskurve plus-plus, s L = Linkskurve schnell, v L = Linkskurve voll. Einige Feinheiten: L w. e. = Linkskurve wird enger, L ls = Linkskurve lang/schnell, ++L w+ = plus-plus-Linkskurve wird plus, BW v = Bodenwelle voll.

Gibt es Geraden zwischen einer Kurve und der nächsten, so notiert man deren ungefähre Länge, folgen sie schnell aufeinander, so verbindet man durch »und«, folgt die zweite unmittelbar, so setzt man sie in Klammern. Es empfiehlt sich sehr, Brücken, Häuser, Kilometersteine, Telegrafenmasten etc. als Bezugspunkte zu nehmen, für den Fall, daß Nebel herrscht. Ist das »Gebetbuch« fertig, so kehrt man zum Start zurück, wobei man möglichst eine andere Strecke wählt, um unliebsame Begegnungen mit anderen trainierenden Wagen zu vermeiden. Nun nimmt man einen andersfarbigen Filzstift für eventuelle Korrekturen und beginnt zu lesen. Das »Gebetbuchlesen« ist für den Navigator vielleicht die schwierigste Aufgabe. Er muß mit seinen Angaben der Strecke immer etwas voraus sein, sonst reagiert der Pilot zu früh oder zu spät, aber er darf auch nicht zu weit voraus sein, sonst vergißt der Pilot alles wieder. Der Vorsprung richtet sich nach dem gefahrenen Tempo. Kommt nach einer weiten Kurve und einer Geraden von 100 Metern eine »trockene« Kurve, muß er alles in einem Atemzug herunterlesen: »rechts voll hundert links trocken«. Er muß die Straße »fühlen«, so als säße er selbst am Steuer und das »Gebetbuch« mit einem gewissen Rhythmus lesen, wie ein Gedicht. Durch den Rhythmus, mit dem er liest, kann er den Piloten bremsen oder schneller machen, er muß wissen, wann das eine und wann das andere angebracht ist. Manche Piloten sind bei den ersten Sonderprüfungen zu hitzig und müssen gebremst werden, andere muß man antreiben, weil sie schwer in Fahrt kommen. Wie dosiert man nun den Rhythmus? Will man die Fahrt bremsen, so werden häßliche Kurven etwas früher und mit lauterer Stimme angesagt, schnelle dagegen mit normaler Stimmlage. Soll aber schneller gefahren werden, so sagt der Navigator sie viel früher und mit einem gewissen Temperament an, der Pilot muß sich beeilen um mitzukommen, »häßliche« Kurven hingegen werden mit einem Augenblick Verzögerung angesagt.

Hierbei heißt es jedoch genau aufpassen und abwägen, ein Augenblick zu spät kann teuer zu stehen kommen. Nach Beendigung des Trainings wird Manöverkritik gemacht, die Geländebedingungen und die passendsten Reifen werden eingetragen. Es empfiehlt sich, abends im Hotel das Ganze in »Reinschrift« zu übertragen: wenn erst einmal viele Tage vergangen sind, könnten manche Korrekturen und besondere Zeichen zu Irrtümern Anlaß geben. Will man auf Zeit fahren, so tut man das am besten nachts, dann ist weniger Verkehr, Scheinwerfer sieht man leichter und man wird selbst besser gesehen.
Auch der Radwechsel sollte geübt werden, man hat schnell ein Loch im Reifen, und ein gut koordinierter Radwechsel spart kostbare Zeit. Man sollte aber alle Vorbereitungen möglichst ein paar Tage vor Beginn der Rallye beendet haben und sich dann ausruhen und die Notizen für die einzelnen Sonderprüfungen und Etappen in einem einzigen Heft ordentlich zusammenfassen; vervollständigt ergeben sie das unschätzbare »Gebetbuch«, eine Garantie für eine schöne Rallye und damit die Voraussetzung für viele Siege. Im letzten Augenblick werden dann die Punkte eingetragen, wo sich Pannenhilfe, Treibstoffversorgung, Radwechselkolonnen und eventuell Wettervoraussagen befinden. Wer schlafen kann, wird eine bessere Kondition haben und länger konzentriert bleiben. Für sensible oder nervöse Typen ist es ratsam, am Abend vor dem Rennen ein Beruhigungsmittel zu nehmen. Unterwegs braucht man Vitamine, Obst ist das am leichtesten verdauliche Nahrungsmittel. Wenn man in guter körperlicher Verfassung ist, sind Aufputschmittel sinnlos, ohne ärztliche Empfeh-

lung ist auf jeden Fall davon abzuraten: sobald ihre Wirkung nachläßt, tritt ein Kräfteabfall ein, von dem man sich nur schwer wieder erholt. Während der Rallye vermeide man schwere Mahlzeiten, die den Magen belasten und schläfrig machen.

Wir haben nun versucht, in großen Zügen die Aufgaben des Navigators zu umreißen und dabei besonders die Vorbereitung einer Rallye berücksichtigt. Eine Rallye gewinnt man nämlich oft schon bei der Vorbereitung. Die Rallye selbst stellt dann nur eine Zusammenfassung, eine Vollendung dar, hier wird die Summe aus Erfahrungen, Anstrengungen, Willen und Temperament gezogen. Damit aber die notwendige Harmonie zwischen Piloten und Copiloten herrscht, müssen sie vor allen Dingen gute Freunde sein. Das ist übrigens kein Geheimnis: tage- und nächtelang unter tausend Schwierigkeiten und enormen Opfern zu zweit auf einem Quadratmeter Stahlblech eingesperrt sein — wer da nicht einen Freund zur Seite hat, schafft es nicht. Deshalb ist eine Rallye ein großes, wunderbares Abenteuer.

WELCHE WAGEN SIND DIE BESTEN?

Der Wagen ist immer Hauptdarsteller beim großen Schauspiel einer Rallye, und man hat in letzter Zeit viel darüber diskutiert, ob es eine Formel für den perfekten Rallyewagen gibt, der dann alle großen Rennen gewinnen müßte. Natürlich kann es hier wie überall im menschlichen Leben keine Vollkommenheit geben, und der Erfolg einer besonderen Formel oder eines bestimmten Typs ist an viele Faktoren, industrielle, technische und auch Umweltfaktoren gebunden. Vor allen Dingen ist es im Unterschied zu anderen Rennformeln nicht möglich, einen speziell rallyegeeigneten Wagen zu bauen (jedenfalls zur Zeit noch nicht), da das die Herstellung einer recht beträchtlichen Anzahl von Exemplaren, wenigstens 500, bedingen würde, um die Homologierung in Gruppe 4 zu erreichen und am Wettkampf um die verschiedenen Meisterschaften teilnehmen zu können. Das würde einen zu großen Aufwand bedeuten; deshalb müssen die meisten der bei Rallyes konkurrierenden Firmen mit dem Serienmaterial arbeiten und dessen Grenzen und alle damit verbundenen Komplikationen in Kauf nehmen, da Serienwagen nun einmal zahllosen Ansprüchen genügen müssen: Bequemlichkeit, Ausstattung, Robustheit etc.

Erst in letzter Zeit hat es hier ein gewisses Erwachen gegeben, einige Firmen haben mit Untersuchungen für einen Rallye-Spezialtyp begonnen. Sein Gesamtbild kommt wenigstens hinsichtlich der Mechanik den Rennprototypen ziemlich nahe, abgesehen natürlich von zweckbedingten Einzelheiten. Der ideale Rallye-Prototyp sollte einen zentral liegenden Motor von beträchtlichem Hubraum, bis zu drei Litern, haben, selbstverständlich Einzelradaufhängung mit Dreieckslenkern, Längsstreben, Stahlunterbau und Kunststoffkarosserie und nicht mehr als 850 bis 900 kg wiegen. Mit Prototypen dieser Art hat bis jetzt nur Ford experimentiert (der »GT 70«, der auf dem Brüsseler Autosalon gezeigt wurde) sowie Simca, dessen »CG« auf der Tour de Corse debütierte und außer der Cevennen-Rallye schon einige andere Rallyes gewonnen hat. Man kann aber heute noch nicht sagen, welche Formel die beste ist, denn in den letzten Jahren waren an der Spitze der Klassements abwechselnd Wagen mit den verschiedensten technischen Merkmalen vertreten: Antrieb vorne, Motor hinten, oder konventionelles System, d. h. Motor vorne, Antrieb hinten. Zuerst schien es so, als sei der Frontantrieb unter den besonderen bei Rallyes gegebenen Bedingungen (Geröll, Schnee und Eis) unschlagbar. Dafür konnte man gewichtige technische Gründe anführen, bis dann die superstarken Porsche und später die Alpine auf der Bildfläche erschienen. Da verlor der Frontantrieb seine beherrschende Stellung und konnte in den letzten beiden Jahren nur noch unter besonderen Bedingungen etwas ausrichten.

Für all das gibt es eine logische Erklärung. Solange die Rallyeautos noch nicht so starke Motoren hatten wie heute (Porsche z. B. weit über 200 PS), konnten Wagen wie

Lancia oder der Mini die Spitze halten. Als dann aber die Motoren immer stärker wurden und die Bodenhaftung der Antriebsräder entscheidend für die Kurvengeschwindigkeit wurde, bekamen die Frontantriebler die Konkurrenz der Wagen, die »alles hinten« haben, immer stärker zu fühlen. Und mit zunehmender Motorleistung und -stärke wird der Antrieb hinten immer mehr im Vorteil sein. Auch hier werden also schließlich die Erfahrungen auf der Rennstrecke, wo der Frontantrieb schwerlich eine Chance hat, verwertet.

Der Vorteil des Heckmotors liegt vor allem darin, daß weniger Kraftverlust durch Schlupf auftritt, da das Fahrzeug bei Beschleunigung immer die Tendenz hat, die Vorderräder zu ent- und die Hinterräder zu belasten; darum ist der Frontantrieb im Kurvenausgang im Nachteil, der bei Rallyes fast immer in den niedrigen Gängen gefahren wird und bei dem es hauptsächlich auf das Beschleunigungsvermögen ankommt. Natürlich hat auch die Heckmotoranordnung ihre Nachteile, aber denen kann man auf verschiedene Weise abhelfen. Vor allen Dingen sind ja Rallyepiloten hervorragende, keinesfalls mit Durchschnittsfahrern vergleichbare Könner, die es fertigbringen, auch aus an sich ungünstigen Bedingungen ungeahnte Vorteile herauszuholen. So können das Querschleudern, das Wegrutschen, das Übersteuern (d. h. die Tendenz des Wagens, sich in der Kurve hinten quer zu stellen), an sich alles Dinge, die sich für den Normalfahrer gefährlich und nachteilig auswirken, in den Händen eines Rallyepiloten zu nützlichen Waffen werden.

Schließlich tragen auch die modernen Rallyereifen dazu

bei, die Nachteile eines Untergrunds mit niedrigsten Haftungskoeffizienten vollkommen auszugleichen, sie vollbringen wahre Wunder und ermöglichen die oben erwähnten Beschleunigungsvorteile auch auf Eis oder Schnee, unter Bedingungen also, die früher den Frontantrieb begünstigten. Deshalb sind heute bei einem Rallyeauto Motorstärke und die richtige Reifenwahl von grundlegender Bedeutung.

Mit der größeren Motorkraft, die ihm zur Verfügung steht, kann ein Pilot also eine Kurve bei vollem Gegensteuern durchfahren, ohne die Grenze der Querbeschleunigung zu überschreiten, und dabei den Wagen laufend beschleunigen. Bei einem Fahrzeug mit Frontantrieb liegen die Dinge für den Piloten völlig anders. Sein Vorteil beruht darauf, daß die Vorder-, das heißt die gelenkten Räder, zugleich die Antriebsräder sind; um den Wagen am Boden festzuhalten und der Zentrifugalkraft entgegenzuwirken, die den Wagen aus seiner Bahn tragen möchte, genügt stärkeres Einschlagen der Räder; aus diesem Grund hat der Frontantrieb für den Normalverbraucher bei Schnee so große Vorteile. Bei einer Rallye ist das ganz anders und von diesen Vorteilen nichts mehr zu spüren. Bei einem Leistungsgewicht, das zwar nicht die Werte von Rennwagen erreicht, aber doch immer noch bei 3–4 kg/PS liegt, vor allem aber dank der modernen Spikes mit manchmal mehr als 600 Nägeln pro Reifen, fallen die Vorteile des Frontantriebs zum großen Teil weg. Um es kurz zu sagen, die theoretische Überlegenheit des Frontantriebs auf vereister oder verschneiter Straße oder allgemein bei niedrigem Haftungskoeffizienten wird praktisch aufgeho-

Die Alpine beherrschte die Rennsaison 1971 und siegte auf den verschiedensten Rallyes.

Hier ein Bilderbuch-Gegenlenkmanöver auf der Akropolis-Rallye.

Dreimal Alpine, deren Rennkarriere 1968 begann und 1971 die größten Erfolge zu verzeichnen hatte.

Auf der Rallye San Remo 1968.

Auf der Akropolis-Rallye 1970.

MONTE-CARLO
FERODO
18
ALPINE RENAULT

Die Alpine Renault, großer Verlierer in Monte Carlo 1970. Im nächsten Jahr wird die Scharte reichlich ausgewetzt.

ORX
77F
7
RALLYE MONTE-CARLO

Ein erster Sieg für den Mini in Monte Carlo mit dem Irländer Hopkirk.

Dasselbe Lied im Jahr 1965: Der Mini immer vorneweg, dieses Mal mit Mäkine

1963, Beginn der »Ära Mini« in Monte Carlo. Aaltonen wird im ersten Anlauf Dritter, im nächsten Jahr sollten die unwahrscheinlichen kleinen Engländer sogar Sieger werden.

Der Mini 1300 mit Mäkinen/Easter, Sieger der »Monte« 1965.

25
Rallye di Sanremo

Der Citroën DS ist einer der vielseitigsten Rallye-Wagen. Hier während der Marathon-Rallye London—Mexiko auf dem Weg nach der Hauptstadt von Peru.

Auf der Cevennen-Rallye als »Schneepflug«.

Auf der Rallye Monte Carlo während einer Sonderprüfung, im Anlauf zu einem Überholmanöver.

Bei der ersten Teilnahme an der schwierigen Rallye von Marokko 1971 wurde der Citroën SM (mit Maserati-Motor) Sieger im Gesamtklassement. Drei Jahre hintereinander gewann Citroëen auch den Pokal für Konstrukteure.

Rallyes sind auch für Daf ein guter Test.

Seit 1961 hat Daf immer eine gute Figur auf den großen internationalen Rallyes gemacht und wurde fast immer Sieger seiner Klasse. Ein Beweis für die technische Gültigkeit dieser Konstruktion der holländischen Firma.

50·00·EV

Der 124 Spider ist der erfolgreichste unter den Fiat-Wagen.

ben durch das Können des Piloten und vor allen Dingen durch die modernen Spikes, die es auch weniger stabilen, dafür aber stärkeren Wagen ermöglichen, alle verfügbaren Pferdestärken optimal auszunutzen.

Sollte nun also der Frontantrieb von den großen Rallyewettbewerben verschwinden? Die Wirklichkeit sieht anders aus: wie wir sagten, kann der Heckantrieb zwar auch bei Eis und Schnee dank der Belastung der Antriebsräder seine Kraft voll entfalten; Bedingung sind allerdings gleichbleibende Straßenverhältnisse, so daß immer mit den optimalen Reifen gefahren werden kann. Sind die Bedingungen dagegen weniger gleichmäßig, d. h. muß abwechselnd auf Eis, Schnee, trockener und nasser Straße gefahren werden, dann kommt, da es keine für alle Verhältnisse passenden »Universalreifen« gibt, die bessere Anpassungsfähigkeit des Frontantriebs zur Auswirkung. Das sind jedoch Ausnahmebedingungen, die man nicht so leicht auf einer Rallye antreffen wird.

Wenn aber nun auch der Heckmotor bei den wichtigsten Rallyes die besseren Siegeschancen hat, so soll das doch nicht heißen, daß die älteren, nach herkömmlichem Schema gebauten Autos nicht auch gut abschneiden könnten.

Das beweisen die guten Ergebnisse, die Wagen wie die Escort TC und BDA, der Fiat 124 »Spider« oder der neue »Datsun 240 Z« auch heute noch auf Rallyes erzielen. Auch mit ihnen kann man also, besonders auf italienischen Rallyes, Hervorragendes leisten. Auf Geröllstrecken, die die Widerstandskraft einer Mechanik auf die härtesten Proben stellen, kommt die Robustheit der »traditionellen« Autos zur Geltung.

DIE REIFEN

Der Rallyereifen hat zwar keine so außerordentliche Entwicklung durchgemacht wie der Rennreifen, aber durch die Verbesserung der Serienproduktion hat er doch zur Erhöhung der Fahrsicherheit besonders unter ungünstigsten Bodenhaftungsbedingungen beigetragen. Sein Beitrag zählt in mancher Hinsicht mehr als der, den Sport- oder Formel-1-Wagen geleistet haben, denn rallyegeeignete Reifen können zum größten Teil auch auf normalen Serienwagen gefahren werden; die Rallyeautos unterscheiden sich ja, wie wir nun schon öfters festgestellt haben, nicht wesentlich von ihnen oder jedenfalls viel weniger als von den Prototypen und Rennwagen. Im Vorwort ist schon gesagt worden, daß Verbesserungen vor allem bei Winterreifen, d. h. im allgemeinen bei den für Schnee und Eis geeigneten »M+S/E«-Reifen erzielt wurden. Wenn dieser bis vor einiger Zeit so wenig gängige Reifentyp heute dank der Entwicklung des Wintersports von allen, die in die Berge fahren, bevorzugt wird, so ist dies vor allem dem Rallyesport zu verdanken. Für fast alle Reifen dieses Typs bot sich hier nämlich ein geradezu ideales Experimentier- und auch Reklamefeld, und den Winterrallyes sind die größten Fortschritte zu verdanken, da die schnellen Asphaltrallyes schon von den Erfahrungen bei Rennen hatten profitieren können. Abgesehen von der Rallye

Monte Carlo, die eine Sonderstellung einnimmt, spielen bei den meisten Rallyes die Reifen keine so entscheidende Rolle wie die Mechanik und der Pilot. Nehmen wir ein Beispiel: heute fährt praktisch kein Mensch ein Rennen mit normaler Bereifung, dazu gehören »racings«, die sündhaft teuer und sehr schwer aufzutreiben sind, ohne die man aber keine Chancen hat. Eine Rallye dagegen kann man ruhig mit zwei handelsüblichen Reifen-Garnituren fahren. Wir sagten eben, daß die Rallye Monte Carlo hinsichtlich der Bereifung eine Sonderstellung einnimmt, denn im Unterschied zu allen anderen wird diese Rallye unter äußerst wechselhaften Witterungsbedingungen gefahren, aus dem warmen Monte Carlo in die umgebenden Alpen mit ihrem Eis und Schnee. Hier wird denn auch das Studium der für die verschiedenen Straßenverhältnisse geeigneten Reifen auf die äußerste Spitze getrieben: alles hängt davon ab, ob die Reifen am richtigen Punkt und zur richtigen Zeit gewechselt werden, und dies ist einer der Gründe, warum Privatfahrer hier keine Chance haben. Denn es kann vorkommen, daß man die ersten Etappen auf trockener Straße und bei Sonne hinter sich bringt, um ein paar Minuten später auf Eis und Schnee zu treffen.

So kann es einem passieren, daß man mit superschnellen »racings« startet, um auf dem Trockenen kostbare Sekunden zu gewinnen, und dann um so mehr verliert, sobald man auf Eis oder Schnee kommt.

Das erklärt die hektische Geschäftigkeit der Mechaniker vor dem Start für viele Sonderprüfungen und den großen Vorrat an Reifen und Spikes jeden Typs. Und da bei Sonderprüfungen jede Sekunde kostbar ist und es bei den

»Kanonen« nur um Sekunden geht, müssen Piloten und Techniker ständig über den Streckenzustand auf dem laufenden sein, um die richtige Bereifung einsetzen zu können. Dafür haben die Teams regelrechte Aufklärungsstafetten, die ein paar Stunden vor der Rallye die Streckenprotokolle korrigieren und Eintragungen über den Straßenzustand und eventuell vereiste und gefährliche Kurven machen. Ihre Beobachtungen werden den Fahrern kurz vor dem Start mitgeteilt, und dank der korrigierten Gebetbücher werden Gefahren vermieden, die in vereisten Kurven auftreten könnten, die am Tag zuvor vielleicht noch vollkommen trocken waren. Die Aufklärer sind meist bekannte Rallyefahrer, die im Augenblick keine Verpflichtungen haben, so Mikola bei der »Monte« 1970, der gerade frei von Verpflichtungen bei Ford war und sich bereit erklärte, für Lancia als »Aufklärer« zu arbeiten.

Aufgrund der Informationen der Aufklärer wird dann über den Reifen- oder Spikestyp entschieden. Seine Wahl ist natürlich von grundlegender Bedeutung, und manchmal stehen die Fahrer wirklich vor einem Dilemma und wissen nicht, wofür sie sich entscheiden sollen: für racings, um auf den Trockenstrecken schneller zu sein, oder für Spikes für das Glatteis. Es kommt häufig vor, daß Fahrer, die zum selben Werksteam gehören, sich unter den gleichen Bedingungen für verschiedene Bereifung entscheiden. Bei der Rallye Monte Carlo 1970 passierte folgendes: vor der letzten Schleife, der klassischen Nacht am Turini, hatten die Porsche-Aufklärer festgestellt, daß es auf dem Kurs um Monte Carlo 50 Prozent Eis gab: die beiden Nordländer der Porschemannschaft, Waldegaard und Andersson, entschieden sich für »racings« in der Überzeugung, auf den Trockenabschnitten den Zeitverlust der Schneestrecken reichlich wettmachen zu können. Larrousse dagegen nahm, wahrscheinlich in der geheimen Hoffnung, den Abstand zu Waldegaard aufholen zu können, leichte Spikes. Der Erfolg gab den schwedischen Experten recht, sie wurden Sieger vor dem Franzosen. Waldegaard war 56 Sekunden schneller als Larrousse, während Andersson, obwohl er einmal aus der Kurve flog, immer noch 4 Sekunden von Larrousse lag.

Also auch hier gaben die Reifen in Monte Carlo den Ausschlag. Noch eine andere ziemlich bezeichnende Geschichte, die bei der Rallye San Remo 1969 passierte: Cesare Fiorio, der Leiter der Rennabteilung bei Lancia, hatte erfahren, daß es am Beginn der ersten Sonderprüfung eine Unmenge Eis und Schnee gab. Er stellte deshalb sofort an einem Punkt kurz vor dem Beginn der Sonderprüfung ein Serviceteam auf. Alle sahen die »Fulvias« mit normalen Reifen abfahren und machten es ihnen natürlich nach; als dann die Schneestrecke begann, hatten sie das Nachsehen, nur die Lanciapiloten wechselten rasch die Reifen und konnten so ihre Hauptgegner sofort abhängen und sich schon bei der ersten Sonderprüfung eine echte Siegeschance sichern.

Ihre größten Triumphe aber feiern die Reifen, wie gesagt, bei der Rallye von Monte Carlo: ohne sie hätte kein noch so starker und robuster Wagen eine Chance.

Für seinen ersten Rallyesieg im Jahre 1969 stellte Porsche nicht weniger als 250 Reifen pro Werkswagen bereit; das war aber doch eine Ausnahme, in den folgenden Jahren

verbrauchten auch die bestausgerüsteten Teams nicht mehr als 140—150 Reifen pro Wagen.
1968, 1969 und 1970 spielten die Reifen keine so große Rolle wie sonst bei der Entscheidung, aber 1971, als es auf der ganzen Strecke Schnee verschiedenster Beschaffenheit gab, Hartschnee, Harsch, weichen Schnee und Sulzschnee, zeigte sich wieder, wie wichtig die Wahl des richtigen Reifen- oder Spikestyps war. Durch einen Fehler sind hier damals die Siegeshoffnungen für Munari und damit für Lancia zunichte geworden, kurz vor dem Start zu einer Sonderprüfung: Munari war mit leichten Spikes gestartet, die unter den herrschenden Witterungsbedingungen angebracht schienen. Aber kaum war der Italiener gestartet, als unvermutet ein ganz kurzer Schneesturm losbrach, durch den er mehr als drei Minuten hinter den Alpine zurückblieb und jede Konkrrenz mit ihnen aussichtslos wurde.
Für Wahl und Zusammenstellung der Bereifung bei Asphaltrallyes sind die Erfahrungen entscheidend geworden, die man bei Rennen gemacht hat. Es ist allerdings erst ein paar Jahre her, daß man auch im Rallyesport Rennreifen verwendet, die zwar auf gutem Untergrund größeres Tempo und bessere Bodenhaftung garantieren, dafür aber schneller abgefahren und auch empfindlicher sind als normale Reifen. Was die Marken angeht, so eignen sich fast alle bekannteren, wie Dunlop und Good Year, für Rallyes sehr gut, neuerdings auch Michelin (Lieferant von Alpine). Vor allem aber hat Pirelli (Lieferant von Lancia und Fiat) hervorragende Racingreifen speziell für Rallyes entwickelt und damit eigentlich endgültig die

Prototypen- und Formel-Rennen aufgegeben und sich diesem neuen Experimentierfeld für seine Erzeugnisse zugewendet.

Wenn die Fortschritte der »normalen« Reifen weniger auffällig sind als bei Rennreifen, von denen sie aber profitiert haben, so springen sie bei Winterreifen und Spikes um so mehr ins Auge.

Zunächst wurden einmal alle möglichen Experimente gemacht, um bessere Haftung auf Schnee zu erreichen. Zuerst wurden die Reifen »von Hand« geschnitten, man ging zu normalen Ketten und dann solchen mit Spezialprofil über, die genau in entsprechende Führungsrillen im Reifen paßten. Am fortschrittlichsten waren bei solchen empirischen Versuchen natürlich die Skandinavier, da sie diese Probleme schon für den normalen Verkehr in ihren Ländern lösen mußten.

Dann machte man die ersten Versuche mit Stahlnägeln, die in die Lauffläche der Reifen getrieben wurden. Die ersten Experimente dieser Art (bei den Rallyes Monte Carlo der fünfziger Jahre) wurden einigermaßen belächelt, erwiesen sich aber bald eindeutig als die beste Lösung für Winterrallyes.

So um das Jahr 1963 erreichte die Spezialisierung der Spikes vor allem bei den nordischen Piloten und den Rallyeabteilungen von Saab, BMC und Volvo einen entscheidenden Grad. Heute gibt es Winterreifen jeden Typs, jeder Mischung und Profils mit Spikebestückungen von etwa 150 Nägeln pro Reifen bis hin zu den Typen für blankes Eis mit teilweise über 650 Nägeln in einem Reifen. Zahllos sind die Arten der Spikes und deren Anordnung in den Laufflächen der Reifen; Formen und Material gehören zu den Geheimnissen, die jeder Hersteller eifersüchtig hütet. Zahllos sind auch die Versuche, sie für möglichst viele Streckenverhältnisse konkurrenzfähig zu machen. Da gibt es Spezialnägel, die nur bis zu einer gewissen Tiefe in den Reifen hineingetrieben und nach einer bestimmten Anzahl von Kilometern »ausgespuckt« werden, äußerst praktisch für Sonderprüfungen, die auf Eis anfangen, wo man Spikes braucht, bis an einem bestimmten Punkt Schnee und Eis aufhören und besser mit ungenagelten Reifen gefahren wird. Oder aber der umgekehrte Fall, man versenkt die Nägel so tief in die Lauffläche, daß sie erst bei einem gewissen Grad der Abnützung herauskommen; sie sind das Richtige, wenn man bei trockenem Untergrund startet, wo Spikes überflüssig sind und erst später Eis und Schnee auftreten; man kann also ebenso schnell auf Eis wie auf trockener Straße fahren. Das sind jedoch Finessen, die sich nur bestausgestattete Werksmannschaften leisten können, für Privatfahrer sind sie nicht erhältlich.

DIE WERKSMANNSCHAFTEN

Anders als bei allen übrigen Formen des Autosports erwachte das Interesse für Rallyes ziemlich spät, und vor den sechziger Jahren kann kaum davon die Rede sein, daß die großen Marken ihnen viel Beachtung geschenkt hätten. Erst als dann das Publikum sich in steigendem Maße für Rallyes zu interessieren begann, wurde klar, daß ein Sieg in Monte Carlo ein ebenso gutes Verkaufsargument darstellte wie ein Sieg bei einem Grand Prix der Formel 1. Noch interessanter dabei war, daß man dazu Wagen nehmen konnte (vielmehr mußte), die wenigstens in den Grundzügen mit der normalen Serienproduktion verwandt waren. Man konnte es sich also sparen, neue Wagen mit vollständig andersartigen technischen Merkmalen zu konstruieren. Es war also eine ganz »gesunde« Ausgangsbasis.

Die Industrialisierung des Rallyebetriebs wurde sicherlich am stärksten von englischen Firmen, besonders von BMC, vorangetrieben; sie stellte für ihren »Cooper« schon sehr bald einen hervorragenden Technikerstab auf die Beine, der lange Zeit beispielhaft für alle anderen Firmen blieb. Das soll nun nicht heißen, daß die anderen Hersteller weniger Interesse gezeigt hätten. Für wichtige Rallyes wie beispielsweise die von Monte Carlo haben ein paar englische Firmen wie Sunbeam und Jaguar immer eine bestimmte Anzahl von Wagen bereitgestellt, ohne sich jedoch wirklich offiziell zu beteiligen.

In den sechziger Jahren wurde dann alles anders. Wir erwähnten schon, daß die wichtigeren Firmen versuchten, mit den repräsentativsten Modellen in den Wettkampf einzusteigen, Lancia, Ford, Porsche, General Motors, Citroën, Alpine, Renault und BMW. In letzter Zeit ist sogar Fiat dazugestoßen, das sich so lange Jahre von Wettkämpfen aller Art ferngehalten hatte. Seine Teilnahme beweist, welche Bedeutung die Hersteller heute dieser Motorsportart beimessen. Aber heute befinden wir uns sozusagen auf halbem Weg zur Entwicklung eines speziellen Rallyewagens, denn seit einiger Zeit schon hat eine Verwandlung von fast noch normal zu nennenden Autos in Spezialtypen begonnen, die nur noch in Hinblick auf die verschiedenen Rallyearten gebaut werden, und in ein paar Jahren wird es für jede Rallyespezialität den geeigneten Wagen geben: leicht, superschnell, vor allen Dingen mit fulminanter Beschleunigung und breitem Drehmomentverlauf, dabei robust und mit der Möglichkeit, die Fahreigenschaften den jeweiligen Gegebenheiten anzupassen.

Wie hoch sind nun die Kosten der Automobilfirmen für eine Rallye? Da muß deutlich unterschieden werden zwischen den Vorbereitungskosten und den »echten« Teilnahmekosten, wie Nenngelder, Fahrerhonorare, Überführungskosten, Mechanikerteams, Reifen, Trainingskosten, Spesen für die Rallyetage. Wenn eine Firma sich an Formelrennen oder Prototypenrennen beteiligt, so entstehen ihr die meisten Unkosten aus der Vorbereitung: Motoren,

Probefahrten, Experimente, die Herausnahme von Technikern aus der Serienproduktion. Denn die besten Leute müssen der Rennabteilung zugewiesen werden, das belastet die Firma finanziell sehr stark, und nicht alle sind zu derartigen Opfern bereit. Bei Rallyes fallen die riesigen Unkosten der Projektierung weitgehend fort, denn die Ausgangsbasis für einen Rallyewagen bleibt immer ein Auto, das eine gewisse Verwandtschaft mit der Serienproduktion aufweist. Dennoch kostet eine Rallyesaison mehr als eine für Rennen, denn die verschiedenen Teams müssen praktisch das ganze Jahr hindurch in ganz Europa herumgeschickt werden. Das sind Ausgaben, die die Unkosten in schwindelnde Höhen treiben. Trotzdem nimmt die Zahl der Firmen, die sich offiziell an Rallyes beteiligen, ständig zu.

Wie schon gesagt, ist die Rallye in ihrer heutigen Form und dem heutigen Austragungsmodus nach 1960 entstanden. Sehen wir uns nun einmal die Firmen an, die am meisten von sich reden machten und die Hauptkapitel der Rallyegeschichte geschrieben haben.

ALPINE – RENAULT

Wie so viele andere Wagen mit ausgesprochen sportlichem Charakter verdankt auch die Alpine ihre Entstehung der Rennleidenschaft ihres »Vaters«, der keine Rücksichten auf kommerzielle Interessen und Zwecke kannte. Jean Redelé, heute Direktor der Alpine-Werke, fing 1948 als Rennfahrer an. Dann vertauschte er den Schalensitz mit dem Konstrukteursessel und brachte 1955 einen Prototyp heraus, der einen Renault-Motor und eine von Michelotti entworfene Karosserie hatte. Das war eigentlich die erste echte Alpine. Nachfolger dieses Prototyps haben seither bei vielen Rennen gesiegt. Aber nicht dieser Einsatzbereich der Alpine, so viele Lorbeeren sie dort auch geerntet hat, soll uns hier interessieren; wir wollen uns ansehen, wie sie sich langsam dem Rallyesport näherte. Im Jahr 1963 unterzeichnete Redelé einen ersten Vertrag zur Zusammenarbeit mit Renault und verband sich so mit dem größten Automobilhersteller; die Regie Renault sollte die Wettbewerbseinsätze der Alpine finanzieren und den von Gordini entwickelten R 8-Motor stellen. Im gleichen Jahr nahm Alpine mit Monraisse und Feret an Rallyes teil, die bei der Cevennen-Rallye Dritte ihrer Klasse wurden. Aber noch handelte es sich nicht um einen ausschließlichen Rallye-Einsatz: noch nahmen die Rennen den größten Teil der Kräfte dieser kleinen Firma in Anspruch.

Das technische Problem der Alpine lag in ihrer Anfälligkeit als Folge der Leichtgewichts-Bauweise; die Rallyes mit ihren großen Materialbeanspruchungen schienen alle Anstrengungen der Techniker zu vereiteln. 1964 wurde die Alpine zunächst mit dem 1,1 Liter-Motor von Gordini gebaut, 1966 dann auch mit dem 1,3 Liter, der schon beim R 8 verwendet worden war. Noch später erhielt sie den R 16-Motor mit 1570 ccm Hubraum, einen Stoßstangenmotor. 1968 beschloß die Firma dann, sich mit dem 1300 S an größeren europäischen Rallyes zu beteiligen; bei einem Gewicht von wenig mehr als 700 kg erreichte er eine Leistung von 120 PS. Zunächst waren es französische Rallyes, die sehr kurz und schnell sind und auf Asphalt, dem idealen Untergrund für diese kleinen Flitzer, gefahren werden. Bei nicht weniger als 15 solcher Rallyes wurde Alpine Sieger, dabei sind besonders zu erwähnen das »Criterium Alpine«, die »Ronde Cevenole«, das »Criterium Jean Behra« und vor allen Dingen die »Rallye des Cevennes«; in diesem Jahr kamen Larrousse und Nicolas groß heraus. Das Jahr 1968 brachte dann den endgültigen Einstieg in den Rallyesport, der einen immer größeren Teil im Wettbewerbsprogramm der Firma einnahm. 1968 beginnt sich das Goldene Buch der Alpine mit namhaften Siegen zu füllen, eingesetzt werden vorzugsweise die Prototypen 1440 ccm — 130 PS oder 1600 ccm — 140 PS.
Unter den wichtigsten Siegen wäre der »Coupe des Alpes« mit Vinatier auf dem Prototyp 1440 zu nennen, die Rallye »Neige et Glace« (Larrousse auf Prototyp 1600), die »Ronde Cevenole« (Andruet mit dem 1600 ccm), ferner die Rallye der Tschechoslowakei, die Rallye von Polen

und, wie gewohnt, die Tour de Corse (Andruet auf dem 1440 ccm). Der erste ernsthafte Sturm auf die Rallye Monte Carlo scheiterte ausgerechnet in der letzten Nacht am Col de Turini, als Larrousse ein Duell mit Elford und Toivonen um den ersten Platz austrug; schuld waren einige gedankenlose Zuschauer, die in einer Kurve Schnee aufgehäufelt hatten, um die Rallye aufregender zu gestalten. So gab es für Larrousse einen schlimmen »Ausritt« und ein vollkommen ruiniertes Auto. Ende 1968 wurde dann auf dem Pariser Auto-Salon die »1600 S« vorgestellt, die den »R 16 TS«-Motor hatte; sie debütierte auf der im Rahmenprogramm der Rallye Monte Carlo laufenden Rallye Méditerrané mit einem zweiten Platz hinter Kallström auf Lancia 1600 HF. 1969 brachte Alpine nur wenig internationales Glück. In diesem Jahr verstärkten sich die Mängel, die den Anfang ihrer Rallye-Karriere gekennzeichnet hatten. So zeigte sich sogar das Hausrennen der Alpine, die Tour de Corse, den blauen Wagen feindlich gesonnen, die dem Porsche von Larrousse weichen mußten. Dann aber gelang es den französischen Technikern bald, die Anfälligkeit, die man der Alpine nachsagte, zu beseitigen; der endlich ausgereifte 1600 ccm-Motor erreichte 155 bis 160 PS. So stellte sich die Alpine gleich zu Beginn der Saison bei der Monte Carlo in Höchstform vor, mit einem Team, zu dem Therier, Nicolas, Vinatier und Andruet gehörten. Leider wurden die 1600er aber noch vor dem entscheidenden Kampf mit Porsche außer Gefecht gesetzt, und Nicolas mit seinem 1300/130 PS-Modoll blieb nichts anderes übrig, als hinter Waldegaard und Larrousse den dritten Platz zu belegen. Trotz dieses unglücklichen

Anfangs wurde die Saison zu einem ganz großen Erfolg für Alpine, bestimmt zum größten, seit die Firma sich auf Rallyes verlegt hatte. Folgende Siege brachte ihr diese Saison 1970: Lyon—Charbonnières, Rallye von Lothringen, Genfer Rallye, Rallye von Polen, München—Wien—Budapest, Rallye von Spanien, Tour de Corse. Zum guten Schluß wurde Andruet dann wieder Europameister der Fahrer.

Durch einen dummen Zufall bei der Rallye von England ging Alpine die Rallye-Meisterschaft der Marken verloren, der Titel ging an Porsche. Therier-Callewaert hatten schon die Rallye von Italien und die Akropolis-Rallye gewonnen. Bei einigen Rallyes, wo Prototoypen starten durften, hatte man auch den 1,8 Liter-Motor mit gleicher Leistung, aber besserem Drehmoment eingesetzt. Den größten Triumph aber sollte die Rallye Monte Carlo 1971 bringen. Wir haben nun schon mehrmals gesagt, wie wichtig ein Sieg bei der »Monte« für eine Firma ist, um so mehr für Renault, wo man schon seit Jahren hinter diesem so begehrten Sieg her war.

In diesem Jahr war Renault Alpine mit dem verbesserten »1600 S« und einem Fahrerteam am Start, zu dem folgende Spitzenpiloten zählten (Andruet, Therier, die Neuentdeckung Darniche, Vinatier und der Schwede Ove Andersson). Die Rallye Monte Carlo 1971 war eine weiße Rallye, d. h. sie lief fast nur auf Schnee, und so war es unvermeidlich, daß der Nordländer unter den Renault-Leuten, eben Ove Andersson, ganz groß herauskam. Die technische Überlegenheit der Alpine bestätigten aber auch der zweite Platz von Therier und der dritte von Andruet.

Kurz darauf kam noch der Sieg bei der Rallye Lyon—Charbonnières dazu, dem zweiten Lauf um die Rallye-Europameisterschaft der Fahrer, mit einem ersten Platz für Nicolas/Vial, sowie der Sieg von Andersson bei der Rallye von Italien. Diese Siege öffneten ganz neue Horizonte für Rallyeautos: der Heckantrieb hat seine Überlegenheit auch unter Bedingungen erwiesen, die noch vor kurzer Zeit als nachteilig für ihn galten.

BRITISH MOTOR CORPORATION

Die British Motor Corporation, die größte englische Automobilfabrik, hat immer eine sportliche Tradition gepflegt. Bei der Mille Miglia und großen Rallyes haben die roten Wagen dieses Hauses sich immer gut geschlagen, auch schon bevor die sagenhaften »Minis« auftauchten, die vor allem den sportlichen Ruhm von BMC begründet haben. Warum waren nun die Wettbewerbswagen von BMC rot lackiert (der Farbe der italienischen Rennwagen) und nicht grün wie alle anderen englischen Rennwagen? Es gibt da eine kleine Legende, die scheinbar nicht viel zu bedeuten hat.

Fiat Rallye-Szenen 1970.

Der 124 Spider in San Remo 1968.

Mit dem 124 haben die italienischen Privatfahrer endlich einen preisgünstigen Rallyewagen zur Verfügung, der sich beachtliche Klassensiege holte.

Ein 124 Spider im Schnee auf der Rallye von Italien 1970.

Auf der Insel Elba holte sich der 124 Spider mit Paganelli/Russo einen der wichtigsten Siege der Saison 1970.

70 war ein äußerst erfolgreiches
hr für Fiat, der sich in allen
ategorien hervorragend schlug.
as Team Smania/Zanchetti, hier
f einer Schotterstrecke auf
ba, wird Sieger der Gruppe
ezialtourenwagen.

TOTAL
24

Ford Escort Twin-Cam.

Seit der Verwendung des Lotus 2 OHC-Motors im Cortina begannen die Erfolge für Ford. Hier fährt ein Lotus-Cortina die Tour de Corse 1966.

Ein Ford am Col de Sospel 1963.

Team Ford
TIMO MAKINEN
Castrol
DAILY EXPRESS
LISBONNE
130

BEV 781G

Der Escort Twin Cam von Mäkinen, Fünfter auf der Rallye Monte Ca 1970, einer für ihn wenig geeigneten Rallye.

Der »Schotter-König« Roger Clark beim Gegenlenken auf der Rallye San Remo 1969. Auf diesem Terr kann der Escort seine Möglichkeiten voll entfalten. Er wurde Europa-Sieger 1969 mit Bengst Söderströ (linke Seite, unten).

Der Ford Mustang von Graham H ein seltener Gast auf der Rallye Monte Carlo (unten).

HF
TO97
0377
1
HF
HF

Die Lancia Flavia-Limousine bewährt sich auch auf Rallyes: Frescobaldi auf der Blumen-Rallye 1962.
Leo Cella beim Training mit einem »muletto« vom Typ Flavia im Jahr 1966 (Mitte).
Die Spezialtechnik Leo Cellas bei den Sonderprüfungen der Blumen-Rallye: Um eine bessere Haftung zu erzielen, fährt er mit den Innenrädern auf dem Straßenrand (unten).

Ein HF auf einem Schotterabschnitt bei der Rallye Genf.

Pat Moss am Steuer eines 1300 HF auf dem Weg zum Sieg in der Rallye Sestrière 1968.

Aaltonen mit einem 1300 HF auf der Rallye San Remo 1969, wo er Zweiter hinter seinem Markenkollegen Kallström wird.

Ihr 150 PS-Motor ließ die Fulvias in Monte Carlo 1970 im Stich; hier der HF von Tony Fall mit einer langen Rauchfahne aus dem Auspuff.

Pat Moss, glänzender Zweite in San Remo 1968, in einer Furt.

Ballestrieri und Bernacchini in Monte Carlo 1971 mit ihrer Fulvia 1600 HF während einer Sonderprüfung.

Porsche 911 T.

Porsche 356, in den fünfziger Jahren Europa-Meister.

1966 kam der 904, ein reinrassiger Rennwagen, wegen eines Schneesturms nur als Zweiter in Monte Carlo an.

Eine Porsche 911 »watet« auf der Rallye von San Remo durch eine Furt.

Beim Training zu einer der letzten Mille Miglias, bevor dieses große italienische Straßenrennen Ende der fünfziger Jahre dann verschwinden sollte, trainierten die BMLC-Piloten und Mechaniker mit einem roten Wagen, einer Farbe, die in der Serienproduktion jeder Firma vorkommt. Bekanntlich ist rot aber auch die Farbe der italienischen Rennwagen. Jedesmal, wenn einer der roten Austin Healeys zu einer Kontrolle, zum Nachtanken oder wegen eines Motorschadens anhielt, drängten sich die Leute um den Wagen und versuchten, sich irgendwie nützlich zu machen, auch die Mechaniker waren besonders eifrig bei der Hand, da sie dachten, sie hätten es mit einem italienischen Rennwagen zu tun. Die Engländer, die auf solche Dinge immer achten, sahen das als gutes Omen an und beschlossen, alle Werkswagen rot anzustreichen, um so im Falle eines Defektes bei der Mille Miglia von der besseren Unterstützung zu profitieren.

Als sich dann die Austin-Healy-Mannschaft bei der Mille Miglia jenes Jahres hervorragend geschlagen hatte, wurde die rote Farbe als Glücksbringer angesehen und von da an für alle Werkswagen von BMC beibehalten. Aber natürlich wurden die roten BMC-Wagen nicht deshalb berühmt; ihre zahlreichen Siege und ihren Ruhm verdanken sie ihren Rallyesiegen, für die es nur einen Namen gibt: »Mini«, der bis jetzt erfolgreichste Rallyewagen.

Als dieses tolle Auto im Jahr 1959 herauskam, trug es alle Eigenschaften eines hervorragenden Wettkampfwagens im Ansatz schon in sich. Das hatten die Journalisten, die die ersten Probefahrten machten, sofort heraus, besonders aber die hervorragenden englischen Frisier-Spezialisten, die gleich daran gingen, aus diesem eigentlich in der Konzeption veralteten Motor (es war der alte dreifach gelagerte »A«-Stoßstangenmotor aus der Vorkriegszeit) mehr Pferdestärken herauszuholen. Den Anfang machte Speedwell, gefolgt von Alexander, mit hervorragenden »Kits«, so daß sich die ersten Privatfahrer mit guten Aussichten an Rennen heranwagen konnten. Freilich gab es mehr Erfolge am Rande, die auch auf die kleineren Hubraumkategorien beschränkt blieben; die großen Siege sollten sich erst später einstellen. Bis 1962 blieb das Spitzenmodell jedenfalls der riesige Austin Healey 3000, den Leute wie Aaltonen, Mäkinen und der Irländer Hopkirk fuhren.

1961 hatte BMC dann in Zusammenarbeit mit Cooper (mittlerweile Formel 1-Weltmeister von 1959 und 1960 und Hersteller der phantastischen Junior-Einsitzer mit BMC-Serienmotoren) einen schnelleren, stärkeren »Mini« mit besseren Bremsen für die Autoenthusiasten gebaut, eben den »Mini Cooper« mit einem Hubraum von einem Liter. Hopkirk erklärte sofort, er sei sicher, daß er mit diesem Wagen hervorragende Ergebnisse erzielen würde. Die nun folgenden Ausgaben der »Monte« sollten ihm im wesentlichen recht geben: als er 1963 mit dem 1-Liter Mini-Cooper dort startete, wurde er auf Anhieb Sechster in dieser schweren Rallye, Sieger war dieses Mal Carlsson. Hopkirk sagte für das folgende Jahr den Sieg für sich oder einen seiner beiden Kollegen, Mäkinen oder Aaltonen, voraus. Das war keine schwierige Prophezeiung; 1964 brachte BMC nämlich den 1,1 Liter, d. h. den »Mini Cooper S« auf den Markt, dem sein Konstrukteur, Issigonis, wesentlich bessere Voraussetzungen mitgab.

Nachdem mehr als die ursprünglich für 1963 vorgesehenen tausend Exemplare in den Handel gekommen waren, konnte der Cooper S bei der Rallye Monte Carlo 1964 eingesetzt werden und errang endlich den von BMC so lange erstrebten Sieg.

Es war kein leichter Sieg, denn gerade 1964 erschien Ford mit dem superstarken 4,7 Liter-»Falcon« 8 Zylinder auf der Bildfläche. Den 280 PS des Amerikaners hatte BMC nichts als die 100 PS seines winzigen »Mini« entgegenzusetzen. Mit dem Sieg von Hopkirk, einem 4. Platz von Mäkinen und einem siebten von Aaltonen war der Erfolg der englischen Firma vollständig und machte im wahrsten Sinne Epoche in der Geschichte der Rallye. 1964 fand die Entwicklung des Mini Cooper dann ihren Abschluß: aus dem 1100 S wurde der 1275 S, der im Herbst des Jahres in Serie ging und unter Mäkinen auf der Tulpenrallye gleich Sieger wurde. Damals begann die fast unglaubliche Siegesserie des Mini S, die praktisch bis 1968 anhalten sollte, bis dann langsam der Abstieg einsetzte. 1965, als die »Monte« wieder eine typische Winterrallye war, konnte der Sieg einem anderen blendenden Minipiloten nicht entgehen — Timo Mäkinen.

Freilich war auch dieses 1300-Modell nicht besonders stark, es hatte nicht viel mehr als 100 PS, die aber ausreichten, den Mini auf Rallyes vom Typ der Monte unschlagbar zu machen. Mäkinen hatte ein Glücksjahr und konnte sich zu diesem glänzenden Triumph noch andere große Siege holen, er wurde Sieger der Rallye Genf, Dritter bei der Tulpenrallye, noch einmal Sieger bei den »Tausend Seen« von Finnland und dann Zweiter beim Coupe des Alpes.

1965 war also der Höhepunkt in der kometenhaften Karriere des Mini; er trug entscheidend zur Spezialisierung und Vorbereitung der Rallyes bei.

1966 war ein wichtiges Jahr in der Serie der Mini-Siege. Es fing allerdings denkbar schlecht mit dem berühmten »Scheinwerfer-Skandal« an. Folgendes passierte: die offiziellen Werksfahrer von BMC, Mäkinen, Aaltonen und Hopkirk, belegten die drei ersten Plätze des Gesamtklassements vor dem Ford Lotus Cortina von Clark und dem Citroën von Toivonen, aber alle drei wurden wegen unvorschriftsmäßiger Beleuchtungsanlage disqualifiziert. Die Minis waren nämlich mit Jodlampen ausgerüstet, die besser ausleuchteten, aber nicht abgeblendet, sondern bei denen nur die Licht-Intensität verringert werden konnte. Das sogenannte »halbe Licht« wurde nicht von den normalen Serienscheinwerfern, sondern von zwei Zusatzlampen geliefert. Es war sicher einer der größten Skandale in der Geschichte dieser berühmtesten Rallye der Welt.

Aber wenn BMC auch dieser eindrucksvolle Sieg verlorenging, so machte doch das damit verbundene Aufsehen eine unerhörte Reklame für die Firma, größere wahrscheinlich, als wenn der Sieg der drei Minis nicht für ungültig erklärt worden wäre. Nach dieser Unglücks-Monte Carlo bewiesen die Minis ihre fabelhaften Eigenschaften noch durch Siege auf Rallyes in Finnland, Polen, Österreich und der Tschechoslowakei, und Mäkinen konnte sich als Zweiter bei der Europameisterschaft klassifizieren.

1967 begann sich dann die Erfolgskurve des kleinen englischen Autos langsam zu senken. Andere Hersteller, wie Porsche, Lancia und Renault, machten Riesenfortschritte

auch auf dem Gebiet der Winterrallyes, die die Domäne der Minis gewesen waren.
1967 war das letzte Erfolgsjahr für den Mini und den Frontantrieb überhaupt vor der »Ära Porsche«; Sieger wurde Aaltonen dank eines unvermutet ausbrechenden Schneesturmes, der es ihm ermöglichte, den führenden Porsche von Elford zu überholen. Hopkirk siegt noch in Irland, bei der Akropolis-Rallye und beim Alpen-Pokal. Nun aber kamen für BMC die mageren Jahre durch die Überlegenheit der Porsche, und bei der »Monte« 1968 zeigte es sich, daß trotz des 3., 4. und 5. Platzes für Aaltonen, Fall und Hopkirk und ihres Sieges im Mannschaftsklassement die Jahre des Triumphs für den Mini vorbei waren und mit ihnen wahrscheinlich auch die absolute Überlegenheit des Frontantriebs, der bis zum Heraufkommen von Porsche und Alpine als konkurrenzloser Beherrscher der Rallyebühne gegolten hatte.
Die hervorragende Werksmannschaft von BMC, die Techniker und Fahrer durch ihre Sorgfalt bei der Vorbereitung der Rallyes und durch ihre perfekte Organisation so verblüfft hatte, verschwand von den wichtigsten Rallyeveranstaltungen. Auch sportlich gesehen war für den Mini der Abstieg gekommen. Die zur Legende gewordenen Fahrer des Teams gingen zu anderen Firmen, und Mäkinen, Aaltonen und Fall saßen in den folgenden Jahren am Steuer anderer Wagen. Die Minis konnten nun nicht mehr auf den großen europäischen Rallyes mit Porsche, Renault, Lancia und anderen Marken konkurrieren, aber auf privater Basis bei den englischen Rallyes, die für ihre Härte und das hervorragende Niveau von Fahrern und

Wagen bekannt sind, setzten sie ihre Erfolge noch lange fort. Noch 1970 konnte ein Mini Cooper S mit Will Sparrow die Englische Rallyemeisterschaft vor solchen Konkurrenten wie Ford Escort TC oder Porsche gewinnen.

CITROËN

Diese französische Firma stellte einen Sonderfall in der Rallyegeschichte dar. Wir haben nun schon oft festgestellt, daß viele Firmen ihre Neukonstruktionen auf Rallyes erproben. Das gilt z. B. für BMC und DAF. Als Citroën die DS 19 herausbrachte, lösten ihre avantgardistischen Neuerungen, besonders die hydropneumatische Federung, eine Sensation in der Automobilwelt aus. Es dauerte nicht lange, bis sich der Wagen auch auf Rallyes bewähren sollte. 1959 holte Paul Coltelloni den ersten großen Sieg für Citroën mit einem ersten Platz in Monte Carlo: ein wichtiger Erfolg, weil er den Beweis für die Qualitäten der »DS« nicht nur vor den Fahrern, sondern auch beim großen Publikum lieferte und die Möglichkeiten des Frontantriebs auf Schnee wieder aufwertete.

Die Erfolge der DS waren in diesen Jahren bedeutend und bewiesen ihre hervorragende Fahreigenschaften, ihre gute Straßenlage und Robustheit, obwohl dieser Wagen nie einen starken Motor hatte; er konnte daher eigentlich weniger auf Gesamtsiege hoffen und mußte meist in der Gruppe der Serienwagen konkurrieren. 1966 holte sich Citroën dank Toivonen nach sieben Jahren einen zweiten aufsehenerregenden Sieg in Monte Carlo. Es war das Jahr der berühmten Disqualifizierungen, durch die nicht weniger als vier Spitzenreiter (drei Minis und ein Ford Cortina) ausscheiden mußten; wenn dieser Sieg also auch etwas vom Glück begünstigt war, so hatte er doch seinen Wert. Auch 1970 konnte Salomon mit dem neuen, stärkeren Zwei-Liter-Motor trotz des schönen Wetters, das für die Eigenschaften dieses Wagens eindeutig ungünstig ist, bis zur letzten Prüfung den achten Platz im Gesamtklassement halten, dann allerdings mußte er infolge eines Zusammenstoßes mit einem anderen Wagen in einer Kurve ausscheiden. Man darf also nicht glauben, daß die DS sich nur bei Schnee und unter außergewöhnlichen Bedingungen bewährt hätte. In letzter Zeit hat sie sich auch bei den Langstrecken-Rallyes wie London—Sydney oder London—Mexiko und auch bei den harten afrikanischen Rallyes Erfolge geholt Auf der London—Sydney Rallye verlor Lucien Bianchi beispielsweise erst auf den letzten Kilometern der sechzehntausend Kilometer langen Strecke infolge eines Zusammenstoßes mit einem Mini.

Ihre größten Erfolge haben die DS sich in ihrer unveränderten Karosserie und ohne wesentliche Veränderungen an der Mechanik geholt, und die verschiedenen Versuche,

Spezialmodelle zu entwickeln (durch Verkürzung des Radstandes und Erleichterung der Karosserie) haben wenig Erfolg gezeitigt. Die verkürzten DS-Prototypen haben zwar eine recht gute Figur gemacht, aber keine wirklich frappanten Siege errungen. Zu sehen waren sie bei Rallyes wie der Tour de Corse oder auf der Rallye von Marokko.

Neuerdings kommt der französischen Firma für den Bau von leistungsfähigeren Wagen die Zusammenarbeit mit der italienischen Firma Maserati zugute. Erstes Ergebnis dieser Zusammenarbeit war der »SM«, ein Coupé mit Frontantrieb und 6-Zylindermotor in V-Form und 2600 ccm Hubraum. Nach einer langen Experimentierzeit, während der der Wagen beträchtlich verbessert wurde, hat Citroën ihn zur Rallye von Marokko angemeldet. Es war zweifellos ein erfolgversprechender Anfang, da der SM praktisch im ersten Anlauf Sieger dieser unerhört harten Rallye wurde, die vor allem im Hinterland von Marokko unter außergewöhnlichen Bedingungen gefahren wird.

DAF

Bei der kurz skizzierten Geschichte aller bis jetzt behandelten Marken und in der Rallyechronik ist ein gemeinsamer Nenner festzustellen: die meisten Hersteller haben, um das Publikum von der Qualität und Richtigkeit ihrer Konstruktionen zu überzeugen, die Bestätigung dafür stets auf den Rallyestrecken gesucht. Das gilt für den Front- wie für den Heckantrieb, für das Einspritzsystem und so fort. Auch Daf konnte diese Probe nicht umgehen. Bekanntlich verursachte die holländische Firma 1958 mit dem interessanten Kleinwagen »Daffodil« durch die originelle stufenlose Getriebeautomatik so etwas wie eine Revolution unter den Automatik-Wagen. Ursprünglich das Hobby des Gründers der Firma, Van Doorne, bewies diese Automatik ihre Vorteile dann auch bei Rallyewagen. »Wenn unsere Automatik sich für die anspruchsvollen Rallyeverhältnisse eignet und widerstandsfähig genug ist, so wird sie sich im alltäglichen Gebrauch um so besser bewähren.« Diese einfache Überlegung war maßgebend für die Sport- und Werbepolitik von Daf. So ergab sich ganz logisch, daß die holländische Firma noch intensiver in den Rallyesport einstieg. Zwei Jahre später, 1960, tauchten die kleinen Dafs auf Rallyes zweiter Ordnung in Belgien und Holland auf und schnitten recht gut ab, zuviel durfte man jedoch von einem so kleinen Motor (600 ccm) und so wenig Pferdestärken nicht erwarten. Etwas besser wurde es, als man sich zu einem neuen 750 ccm-Motor entschloß. Im Blickpunkt dieser ersten sportlichen Bemühungen der Daf stand der holländische Fahrer Rob Slotemaker, der bald von Laurent-Marché abgelöst wurde, denen die Firma viele Erfolge verdanken sollte. Die Erfolge (nicht nur in der eigenen Kategorie) häuften sich, als man zu 1,1 Liter Renault-Motoren überging. So wurden die Daf seit 1965 fast immer Klassensieger, auf der Akropolis-Rallye von 1969 gab es sogar einmal einen dritten Platz im Gesamtklassement hinter Porsche und Ford Escort. Der Daf-Einsatz hat in den letzten zehn Jahren seinen Niederschlag in unzähligen Siegen gefunden, eine mehr als positive Bilanz und der Beweis für die Gültigkeit der von den holländischen Technikern vertretenen Kraftübertragung. Natürlich hat Daf bis heute noch nicht bis zum absoluten Sieg vorstoßen können, die Aussichten für die nächsten Jahre, wenn der neue 1,6 Liter-Motor eingesetzt werden wird, sind jedoch gut.

FIAT

Fiat stellt einen Sonderfall in der Rallyechronik dar. Seit ihrem offiziellen Rückzug aus der Renntätigkeit vor 43 Jahren hat sich die große Turiner Firma immer von Rennen ferngehalten. Es war so, als befürchte sie, der Name Fiat, von jeher gleichbedeutend mit friedlichen Familienautomobilen, könnte irgendwie mit Rennen in Verbindung gebracht werden. Das galt auch für Rallyes, die schließlich nicht allzu kompromittierend für den guten Namen der Firma gewesen wären. Als dann aber eine Wendung in der Produktion der Firma einsetzte und auch die Familienautos recht sportliche Leistungen aufzuweisen begannen, erschien Fiat auf den ersten italienischen Rallyes. Damals fühlte die Firma sich verpflichtet, ihre rallyefahrenden Kunden entsprechend zu unterstützen; so entstand die Werksunterstützung für Rallyewagen, die allmählich der zunehmenden Rallyebeteiligung entsprechend ausgebaut wurde.

Es ist noch nicht lange her, daß Fiat in der Lage ist, Amateuren und Berufsfahrern Wagen zur Verfügung zu stellen, die so konkurrenzfähig wie die anderer Firmen sind. Man kann sagen, daß Fiat sich mit dem 1966 herausgebrachten »124« die Achtung der Rallyefahrer zurückerobert hat, aber auch die Klassensiege des »850« als Limousine und Coupé verdienen Beachtung. Dem »124«

folgte der »124 Spider« und dann der »125«, ausgezeichnete Wagen mit guter Eignung für italienische Rallyes. Bei diesen Rallyes fahren die meisten Teilnehmer auf Fiat. Welche Faktoren haben sich nun so günstig für die Turiner ausgewirkt?
Da ist einmal der niedrige Anschaffungspreis, der unter dem vergleichbarer Wagen liegt, vor allem aber die hervorragende Betreuung durch die sehr zahlreichen, ausgezeichnet ausgerüsteten Werks-Servicewagen, die auf jeder Rallye zur Stelle sind, um nicht nur während der Veranstaltung, sondern auch vor- und nachher Rat und Hilfe zu erteilen. Es ist oft vorgekommen, daß sich Teilnehmer am Start einfanden, deren Wagen in kläglichem Zustand war; ihnen wurden gratis Teile ausgewechselt, so daß sie wenigstens starten konnten. Solche Dinge sind ausschlaggebend für Privatfahrer, die meist nicht über große Mittel verfügen und denen es schwerfällt, die Kosten für eine ganze Rallyesaison aufzubringen. Dank dieser indirekten Hilfe durch Turin können sie ihre Rallyeleidenschaft befriedigen. Und gerade die ständig zunehmende Zahl von Privatfahrern bewog Fiat schließlich, mit besser vorbereiteten und betreuten Wagen beim Rallyesport mitzumachen. Man suchte ein Dutzend italienische Fahrer, die durch ihre Leistungen aufgefallen waren, und stellte ihnen Trainingswagen und besonders sorgfältig präparierte Wagen für die Rallye selbst zur Verfügung. Diese Wende in der Sportpolitik von Fiat vollzog sich 1970, mit der Bildung einer Gruppe von »Sportfahrer-Kunden«, wie Fiat sie nennt; die Abteilung Sportbetreuung, die mit zunehmender Teilnehmerzahl ausgebaut

worden war, ist deshalb jedoch nicht aufgelöst worden. Diesen Fahrern, fast nur Amateuren, die sich dem Rallyesport zwar mit recht großem Einsatz, aber doch nur nebenberuflich widmen, gibt Fiat im Gegensatz zu anderen Firmen, die sich offiziell an Rallyes beteiligen, keinerlei Vergütung oder Sonderprämien. Außer den Wagen, die ihnen für Training und die Rallyes selbst zur Verfügung gestellt werden, können sie nur mit der normalen Spesenvergütung rechnen. Wer kümmert sich nun um die Vorbereitung der Fiat-Wagen für eine Rallye? Es gibt bei Fiat keine eigene, von der übrigen Fabrik abgetrennte Rennabteilung, wohl aber eine kleine Gruppe von etwa 50 Technikern, die mit dem »Frisieren«, der Vorbereitung und Betreuung der Wagen für die »Sportfahrer-Kunden« betraut sind. In Zusammenhang auch mit werksfremden Spezialisten bauen sie die »124 Spider«, die auf Rallyes zu sehen sind.

Nach den entsprechenden Abänderungen in Aufhängung und Motor erreichen sie ausgezeichnete Leistungen. Der Motor des 132, Gruppe 2, kommt bis auf 140 PS, der 124 Spider 1600 schafft etwa 150 PS. Ganz hervorragende Wagen also, die unter Fahrern wie Pinto, Paganelli und Lindberg auch bei außeritalienischen Läufen um die Rallye-Europameisterschaft der Fahrer vor allem 1972 viele Gesamtsiege erringen konnten.

Die Politik der halboffiziellen Beteiligung hat sich gut bewährt, aber es ist klar, daß Fiat, will es Prestigeerfolge erzielen, konkurrenzfähigere und stärker spezialisierte (d. h. leichtere und leistungsfähigere) Wagen bauen muß, um das Niveau von Porsche oder Renault-Alpine zu erreichen. Ohne Rücksicht auf die sportlichen Auswirkungen muß jedenfalls gewürdigt werden, daß Fiat sich an Wagen halten will, die mit der fürs große Publikum bestimmten Serienproduktion verwandt sind. Außerdem ermutigt die Tatsache, daß die offiziellen Rallyewagen den privaten ziemlich ähnlich sehen, viele Amateure, sich in diesem Sport zu versuchen, und sie können sich darauf verlassen, daß sie nicht zu sehr in der Qualität des Materials gegen die Werksfahrer abfallen.

In der Rennsaison 1970 standen Paganelli, Smania, Ceccato, Bisulli und Trombotto im Vordergrund, bei ein paar kam noch Hekan Lindberg aus Schweden dazu. Schon in dieser Saison gab es für Fiat Erfolge, die angesichts der vorhandenen Modelle unerwartet und darum um so willkommener waren; die »Monte« von 1971 trug dann noch zur Hochstimmung im Hause Fiat bei. Auf dieser Rallye, bei der für die Fiat mit ihren technischen Gegebenheiten (Motor vorn, Antrieb hinten) bei Schnee auf der ganzen Strecke scheinbar gar nichts zu holen war, konnte Lindberg sich als 7. im Gesamtklassement klassifizieren und sogar Sieger einer Sonderprüfung werden. Auch für diese Rallye hatte man den 124 Spider praktisch so belassen, wie er 1970 gewesen war, nur die Leistung (150 PS) und der Drehmomentverlauf waren etwas verbessert worden, außerdem hatte man ein Spezial-Sperrdifferential eingebaut. Einen weiteren wichtigen Sieg errang Fiat auf der Rallye von Elba mit dem 124 Spider unter Trombotto/Enrico und einem zweiten Platz des 125 S unter Tecilla/Lipizer.

FORD

Ford, der zweite »große Amerikaner«, hat bekanntlich Tochtergesellschaften in Europa. Unter ihnen zeigt die englische das größte Interesse am Rallyesport, obwohl auch die deutsche durch einen eigenen Rennstall zur Beteiligung an größeren Rallyes ermuntert hat. Wie die meisten Firmen arbeitet auch Ford England noch nicht lange mit größerem Einsatz auf diesem Gebiet.

1962 gab es bei der englischen Ford-Gesellschaft eine recht imponierende Ouvertüre: nicht weniger als 18 Fahrzeuge wurden für die Rallye von Monte Carlo fertiggestellt und zum Start transportiert.

Diese erste »Expedition« war jedoch nicht sehr vom Glück begünstigt, keiner der Wagen war unter den ersten zwölf. Unter dem Eindruck dieses wenig ermutigenden Ergebnisses wurde die gesamte Ford-Rennabteilung umorganisiert und unter dem neuen Leiter Henson das Programm beträchtlich intensiviert. Allerdings war auch das zur Verfügung stehende Material alles andere als ermutigend: es bestand nur aus dem zu großen und schwerfälligen, für Rallyes wenig geeigneten »Zodiac« und dem zu kleinen und empfindlichen »Anglia«. Das reichte wirklich nicht für einen Vorstoß zu absoluten Siegen. Zum Glück existierte damals schon das Lotus-Ford-Abkommen, so daß schon Anfang 1963 der ausgezeichnete Lotus Cortina verfügbar war; er besaßt einen 1,6 Liter-Motor mit zwei obenliegenden Nockenwellen und erreichte mit Leichtigkeit 140 PS; der Motorblock stammte von Ford, der Zylinderkopf von Lotus.

Zur selben Zeit traten Pat Moss und Seigle-Morris, wenn auch nur zu Rallye-Gastspielen, in die neue Ford-Mannschaft ein. Leider schwanden die Hoffnungen, die man für 1963 auf den Lotus Cortina gesetzt hatte, weil der Wagen noch nicht homologiert werden konnte, und auch weil dieses vor allem für die Rennstrecke konstruierte Modell sich als zu anfällig erwiesen hatte. So gab es 1963 keine Siege, sondern nur einige gute Plazierungen bei der Akropolis-Rallye, dem Coupe des Alpes und der England-Rallye. 1964 wurde dann das Team um einen neuen Piloten bereichert, der bald berühmt werden sollte, Vic Elford. Aber auch 1964 war der Lotus Cortina trotz zahlreicher Verbesserungen zu empfindlich für so anspruchsvolle und materialmordende Veranstaltungen, wie dies Rallyes nun einmal sind. So nahm man noch einmal den GT, d. h. den Cortina 1,5 L Stoßstangenmotor. Die Verstärkung der Mannschaft durch einen Könner wie Elford wirkte sich sofort aus, der Cortina siegte mit Elford bei dem Coupe des Alpes und errang einen dritten Platz auf der England-Rallye. Dazu kamen noch Klassensiege.

Die Schlacht, die sich 1964 in Monte Carlo Ljungfeld auf einem amerikanischen Ford Falcon und Hopkirk mit seinem Mini-Cooper lieferten, ist heute noch berühmt; Hopkirk siegte, aber der riesige Amerikaner, wohl durch Größe und Gewicht behindert, konnte doch Schritt mit dem Mini des Irländers selbst auf Schnee halten und mit einem zwei-

Elford holte 1968 in Monte Carlo den ersten Sieg für Porsche.

Der VW-Porsche.

64498 I M

Ein Prototyp Renault 8 Gordini, der auf der Tour de Corse dominierte.

Der Gordini 8 von Jansson, Zweiter auf der Blumenrallye 1965.

Ein privater Gordini auf der Rallye San Remo 1968.

Carlsson auf einem Saab auf der Rallye Monte Carlo 1964.

Einer der offiziellen Saab auf der Rallye von Italien 1970.

Noch einmal Saab auf der Akropolis-Rallye 1970.

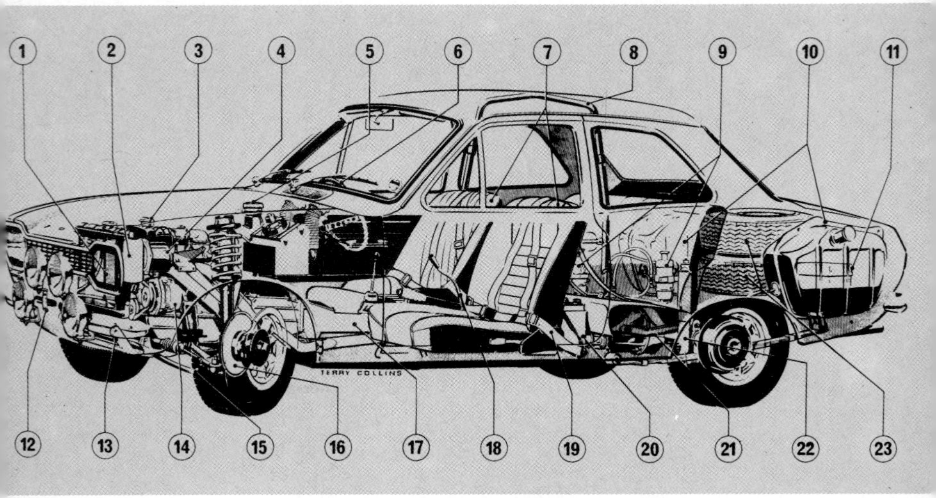

'ord Escort Twin Cam in
Durchsicht-Zeichnung, die
3 Punkte zeigt, die
:ndert worden sind, um ihn
:geeigneter zu machen.

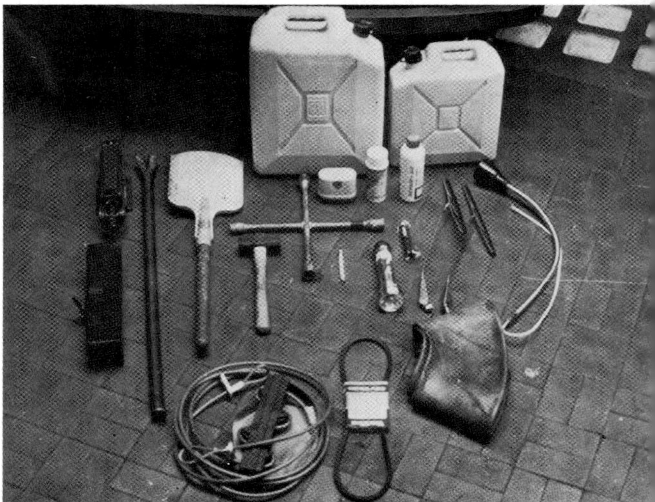

zeug für eine Rallye.

:heinwerferbatterie der
e auf der Tour de Corse.

Sturzhelme mit Bordfunk im Wagen von Roger Clark (Ford) (oben links).

In dem Werkzeugkasten von Cella befan sich auch eine Metallsäge (oben rechts).

Instrumententafel eines Mini 1970 (2. Reihe, links).

Cockpit eines Porsche 911 S, Sieger in Monte Carlo 1970, wesentlich vereinfac gegenüber der Normalausführung (2. Reihe, rechts).

Das Innere eines Lancia HF 1600 (links).

Das Cockpit eines 125 S (unten links).

Halda-Tripmater, eines der nützlichsten Instrumente für den Rallyefahrer.

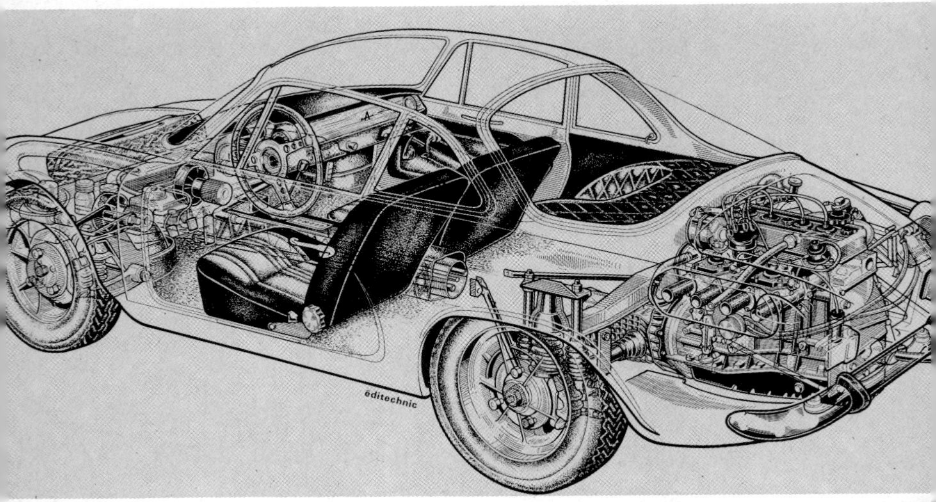

urchsichtzeichnung
ırch eine Alpine
;00 S, »Abonne-
ent-Sieger« der
ıison 1971, mit
'eckmotor.

as reichhaltige
ıstrumentarium vor
em Fahrersitz und
ıf der Mittelkon-
ɔle des Ford Escort
C Ausführung
.onte Carlo 1970.

ınenraum der
enault Alpine mit
vei verschieden
formten Sitzen
r Fahrer und Bei-
hrer.

ten Platz abschneiden. Alles in allem hatte Ford freilich keine besonderen Rallye-Erfolge zu verbuchen; allerdings machte schon ein neuer Fordfahrer, Roger Clark mit seinem privaten Cortina, von sich reden. Bis 1966 gibt es nichts Besonderes zu berichten, dann entstand eine hervorragende Mannschaft mit Elford, Söderström und Roger Clark. Es wurde ein richtiges Erfolgsjahr für Ford, obwohl Vic Elford nicht weniger als vier Rallyes, die er praktisch schon in der Tasche hatte, verlor. Söderström gewann zwei Rallyes, die »Akropolis« und die England-Rallye. 1966 brachte aber auch Elford auf der Blumenrallye, die er vor dem neuen Lancia »HF« von Cella gewonnen hatte, eine aufsehenerregende Disqualifizierung. Der Lotus Cortina wurde am Ziel bis in seine kleinsten Teile zerlegt und dabei festgestellt, daß das Gewicht der Pleuel nicht den Vorschriften entsprach. Mittlerweile hatte Ford England die Politik neuerdings geändert und sich vor allem auf Formel 2- und Formel 1-Rennen verlegt, so daß das Rallyeprogramm etwas in den Hintergrund rückte. Schließlich wurde 1967 der Lotus Cortina MK2 als Serientourenwagen homologiert, und das aus Roger Clark und Söderström bestehende Team siegte auf der Gulf-Rallye und der Rallye von Schottland.

1967 brachte Ford dann die endgültige Bestätigung im Rallyesport, der Lotus Cortina holte sich mit der Europameisterschaft einen großen Erfolg. Bengt Söderström, damals zwar nicht schneller, aber erfolgreicher als Clark, siegte auf der Schweden-Rallye, wurde Zweiter auf der Akropolis-Rallye und auf der Rallye München — Wien — Budapest und damit Europameister der Tourenwagen.

1967 war aber auch praktisch das letzte Jahr der Ford Lotus Cortina; kaum war nämlich kurz vorher das neue Modell der europäischen Fordgesellschaft, der »Escort«, herausgekommen, als sich schon seine sportliche Version, der »Escort Twin Cam«, im ersten Anlauf den dritten Platz im Gesamtklassement holte (mit Ove Andersson, der Lancia nach zwei Jahren ergebnisloser Mitarbeit verlassen hatte). Der Escort Twin Cam, der übrigens auch von so überlegenen Könnern wie Clark und Söderström gefahren wurde, gewann viele Rallyes des Jahres 1968, darunter die Akropolis- und die Tulpenrallye (mit Roger Clark), während Söderström Sieger auf der Österreichischen Alpenrallye wurde. 1969 siegte der Escort Twin Cam dank Clark und Mikkola auf einer ganzen Reihe von Rallyes und wurde Europameister der Kategorie.

Die Siegesserie setzte sich auch 1969 fort: auf der Tulpenrallye in Holland (mit Staepalere-Aerts), auf der Ostalpen-Rallye (Nikkola), der Moldau-Rallye (Staepalere) und der Rallye der Tausend Seen.

Auch 1969 schloß mit einer Europameisterschaft für Ford ab, und Bengt Söderström wurde zum zweiten Mal, wie schon 1967, Meister. In den letzten Jahren hat sich der Escort als einer der besten Rallyewagen bewährt; sein Lieblingsterrain sind sehr schnelle Asphaltstraßen. Auf Rallyes vom Typ Monte Carlo, Winterrallyes also, hat er gewisse Schwächen gezeigt. 1968, also das erste Jahr, besonders aber 1969, als er die Europa-Markenmeisterschaft gewann, waren seine goldenen Jahre.

1970 erwies sich der Escort TC als etwas überholt, und abgesehen von dem großen Sieg in der Rallye London—

Mexiko gab es sonst nicht viele Siege, auch der Versuch, den Capri auf einigen Rallyes einzusetzen, fiel nicht sehr befriedigend aus. So konnte Ford sich kaum noch mit Porsche und Alpine messen, die inzwischen ganz groß herausgekommen waren. Für 1971 hat man sich bei der Rennleitung in Boreham noch einmal entschlossen, den Escort auf Rallyes laufen zu lassen, aber in einer neuen, modernisierten Form, dem »1600 RS«, mit dem neuen, von Cosworth konstruierten Motor mit vier Ventilen pro Zylinder und zwei obenliegenden Nockenwellen, der unter dem Namen »BDA« in der 1800/2 Liter-Version die unglaubliche Leistung von 245 PS erreicht.

LANCIA

Von allen italienischen Firmen hat sich Lancia zweifellos am stärksten am Rallyesport beteiligt. Seit fast zehn Jahren hat die Firma einen guten, sportlichen Namen, den sie sich schon früher in anderen Wettbewerbsarten gemacht hat. Wenn man das Goldene Buch von Monte Carlo durchblättert, so findet man einen Lancia 2,5 GT als Sieger der

Rallye 1954 (Chiron/Basadonna). Das war allerdings noch die Zeit, als der Rallyestil noch nicht die heutigen heißen Formen angenommen hatte.

Das Rallyeglück von Lancia reicht also in die Jahre zurück, als das erste Frontantriebsmodell, die »Flavia«, herauskam. Diese durch ihr Gewicht benachteiligte Limousine zeigte dennoch gute Eigenschaften in Straßenlage und Standfestigkeit auch auf der ersten italienischen Rallye, der Blumenrallye. Es war ein hervorragender Wagen, nur wie gesagt zu schwer und zu wenig sportlich, um Siegeschancen zu haben. Das Flavia-Coupé 1500, ab 1963 mit 1,7 Liter, trug Lancia seinen Ruf auls hervorragendes Rallye-Auto ein, den es auch heute noch hat. Es holte sich die besten Plätze auf den berühmtesten Rallyes, so einen Sieg von Frescobaldi/Patria auf der Blumenrallye. Ab 1965 wurde dann die Lancia »Fulvia« eingesetzt.

Dieses Modell ist zwar wesentlich weniger stark als die Flavia, fiel aber sofort durch überlegene Straßenlage und Wendigkeit auf. Die stärkere Version, der »2C«, lief zum erstenmal auf der Blumenrallye 1964 und siegte. Am Steuer saß ein Mann, der der erste große Rallyefahrer Italiens werden sollte, Leo Cella. Kurz nach diesem Sieg stellte Lancia auf dem Genfer Auto-Salon 1965 die Coupé-Version der Fulvia 2 C vor, deren Mechanik sie übernommen hatte. Das Coupé hatte jedoch 20 PS mehr, einen kürzeren Radstand, und war vor allem 70 kg leichter. Damals traute man aber, wie gesagt, der Flavia noch mehr zu, da sie stärker und rallyeerprobter war. Nach dem spektakulärsten Sieg dieses Modells (durch René Trautmann im Coupe des Alpes) wurde dann beschlossen, dem

neuen Fulvia-Coupé mehr Aufmerksamkeit zu schenken. Mit dem wesentlich erleichterten Coupé (etwa 80 kg weniger als das entsprechende Serienmodell) sollte Leo Cella die harte Tour de Corse fahren. Das Resultat war wirklich aufregend. Trotz eines Ausrutschers, den der Navigator durch ein Versehen verursacht hatte, konnte der Prototyp Fulvia Coupé den achten Platz im Gesamtklassement erreichen, und damit eindeutig die Flavia distanzieren. Auf dieser Tour de Corse war die Entscheidung über die Fulvia und ihre weitere sportliche Verwendung gefallen.
Angesichts dieses Erfolges wurde das Coupé weiter »versportlicht«. Anfang 1966 wurde ein ausgesprochen sportliches Modell präsentiert, was auch unumgänglich war, wenn Lancia Gesamtsiege erringen wollte. Der »HF« hatte viele technische Verbesserungen, die schon von Cella bei der Tour de Corse 1965 erprobt worden waren: um 110 kg erleichterte Karosserie, einen stärkeren und leistungsfähigeren Motor von 90 PS (wenigstens auf dem Papier). Sein Kennzeichen war die charakteristische rote Farbe mit gelben und blauen Längsstreifen (den Farben Turins). Rück- und Seitenfenster waren aus Plexiglas, Türen und Hauben aus Leichtmetall. Es war jedoch nicht möglich, die für die Homologierung als Tourenwagen nötigen tausend Exemplare zu bauen, und so mußte Lancia mit den normalen Coupés nach Monte Carlo gehen. Zur Blumenrallye von San Remo war der »HF« dann aber so weit und holte sich, wenn auch nicht konkurrenzlos, den ersten Platz. Vic Elford, der zum letztenmal für Ford fuhr, hatte bessere Gesamtzeiten als Cella, wurde aber am Ziel wegen einer Unregelmäßigkeit der Pleuel disquali-

fiziert, und so wurde Lancia Sieger. Der Sieg verdient auf jeden Fall Beachtung (auch wenn es ein Sieg am grünen Tisch war), da er gegen einen Fahrer wie Günther Klass auf dem Porsche 911, dem GT-Europameister dieses Jahres, gewonnen wurde. Zur Bekräftigung des Lancia-Erfolges trug auch noch der dritte Platz von Ove Andersson bei. Dennoch wurde 1966 keines der besten Jahre für das Haus Lancia, da es sich nur noch wenige Erfolge holen konnte.

Da wäre einmal ein zweiter Platz auf der Rallye von Sardinien zu nennen. Beim Coupe des Alpes, wo man sich viel von den neuen »HF« versprach, erreichte keines der gestarteten Teams das Ziel. Auf der Tour de Corse, von jeher ein Prüfstein für Lancia, startete eine neue Ausführung der Fulvia HF mit größerem Hubraum (1300 ccm), 110 PS und etwa 750 kg Gewicht. Wieder vollbrachte Cella wahre Wunder auf einigen Etappen, mußte aber infolge eines Ausrutschers bei strömendem Regen jede Siegeshoffnung begraben. Die Rennsaison 1966, in der die Erfolge so dünn gesät waren, schloß mit der England-Rallye: hier plazierte sich Ove Andersson als Siebter im Gesamtklassement. So ging ein Jahr zu Ende, das für die Techniker in Turin wohl sehr verheißungsvoll begonnen, dann aber doch nur recht wenig Siege gebracht hatte. Aber die HF-Mannschaft und ihr Rennleiter Fiorio waren nicht die Leute, sich entmutigen zu lassen.

Toivonen steuerte den HF auf seinem Abenteuer durch das schwedische Eis. Bei dieser Nordland-Rallye klassifizierte er sich auf dem Fulvia-Coupé, Modell Gruppe 2, als Sechster im Gesamtklassement. Nun stand schon das große

Treffen in Monte Carlo unmittelbar vor der Tür. Diese Rallye hatte inzwischen den Gipfel der Beliebtheit und des Interesses beim breiteren Publikum erreicht, und selbstverständlich setzten alle Firmen das Letzte dafür ein. Keine gönnte der anderen die Ehre, die Vorherrschaft der kleinen Minis zu brechen, die nun schon vier Jahre gedauert hatte. Am stärksten waren zweifellos Renault (mit dem neuen R 8 Gordini) und vor allem Porsche mit Elford, der kurz zuvor Ford verlassen hatte.

Es war wohl das Jahr, in dem sich die großen Vorteile des Frontantriebs auf Untergrund mit geringer Bodenhaftung am meisten bewährten, zugleich war es aber auch vorerst der Schwanengesang des Frontantriebs. In Monte Carlo 1967 holten aber Aaltonen mit dem Mini-Cooper und Andersson auf dem HF gegenüber Elfords Porsche 911 unglaublich auf, der den Sieg schon in der Tasche zu haben schien. Obwohl Andersson bei den letzten Sonderprüfungen auf Schnee und Eis eindeutig vorne gelegen hatte, konnte der Mini des Finnen dann doch mit 8 Sekunden Vorsprung gewinnen. Das hervorragende Resultat von Andersson wurde noch durch einen vierten Platz von Cella und einen fünften von Munari ergänzt. So wurde Lancia Sieger im Mannschafts-Klassement. In San Remo dagegen, der Lancia-Rallye par excellence, klappte es nicht so gut. Hier kommen die HF auf den dritten, fünften und siebten Platz (Andersson, Elford und Cella), hinter dem R8 von Piot und Hopkirks Mini.

Nun wurde auch bei der normalen Produktion der Hubraum des Coupés von 1216 auf 1298 vergrößert. In der Gruppe Grand Tourisme homologiert, kam der 1,3 Liter beim Criterium Alpine mit Trautmann auf den dritten Platz, schnitt bei der gefürchteten Akropolis-Rallye mit einem zweiten Platz ab und auf der Rallye von Spanien noch mit einem Sieg Anderssons und einem zweiten Platz von Munari. Dabei fuhr der Schwede noch einen Prototyp mit 1320 ccm, während Munari ein Coupé der Gruppe 2 hatte.

Also steigende Aktien in dieser Saison: der größte Sieg sollte aber erst noch kommen. Diesmal hieß der Treffpunkt Korsika. Dieses Inselrennen ist immer eine Art Reservat der Firma Renault gewesen; sie hat meistens Spezialmodelle nur für dieses Rennen gebaut, die nachher auf keiner anderen Rallye mehr zu sehen waren. Aber dieses Mal hatte auch Lancia äußerst konkurrenzfähige Wagen bereit. Cesare Fiorio hatte ausgehend vom »1296 HF« (101 PS bei 6400 U/min und 825 kg) Prototypen von 1440 ccm und 125—130 PS bei einem Gewicht von 650 kg gebaut.

Diese Tour de Corse von 1967 wurde ein hinreißendes Rennen, die »HF« konnten nach ungewissem Anfang Renault und vor allem Elfords Porsche schlagen. Munari wurde Erster, Toivonen Zweiter und Cella Sechster. Also ein Erfolg auf der ganzen Linie und ein würdiger Beweis von Munaris Fahrerqualität, der außer seinem Sieg in Korsika auch noch italienischer Meister wurde, da er sogar den großen Cella geschlagen hatte. Rennleiter Fiorio hatte seine Fähigkeiten schon lange vorher erkannt, als Munari 1966 beinahe Sieger in Monte Carlo geworden wäre, wenn er nicht mit seiner Flavia einen spektakulären Sturz gehabt hätte. Ein Beweis für Fiorios großes Zutrauen zu

Munari war die Tatsache, daß er ihm den besten Lancia-Navigator, Lombardini, mitgab. So war es ihm bei der italienischen Meisterschaft gelungen, Cella zu schlagen, der heute noch als tapferster und gründlichster Berufsfahrer gilt, den Italien je auf diesem Gebiet hervorgebracht hat. 1968 wurde das Team angesichts der Erfolge im Vorjahr praktisch beibehalten: Cella, Andersson, Munari, gelegentlich Trautmann, Söderström, Pat Moss und Barbasio. Die Stimmung bei Lancia konnte nicht optimistischer sein; die »HF« hatten große Fortschritte gemacht, man glaubte sie dem »Mini Cooper S«, der seine Spitze inzwischen überschritten hatte, nun überlegen. Der neue »HF« hatte einen Motor von ca. 120 PS bei 850 kg Gewicht. Aber aus dem erhofften, endgültigen Triumph in Monte Carlo wurde leider eine tragische Niederlage. Auf der Anfahrt wurden Munari und Lombardini Opfer eines dramatischen Unfalls. Lombardini war tot, Munari schwer verletzt. Cella, dem man vielleicht unvorsichtigerweise einen jungen Fahrer, Paganelli, als Copiloten gegeben hatte, verfuhr sich, nachdem er bei den ersten Sonderprüfungen der gemeinsamen Strecke an der Spitze gelegen hatte. Lancia hätte wohl besser daran getan, einem so hervorragenden Fahrer wie Cella, der dem Navigator immer das Letzte und die äußerste Konzentration abverlangte, einen Copiloten mit mehr Monte-Carlo-Erfahrung mitzugeben. Dazu kamen die Fortschritte, die man auch bei der Konkurrenz gemacht hatte und das fast immer strahlende Wetter, das Elfords Siegesfahrt begünstigte.

Lancia hielt aber auch den übrigen Frontantrieblern nicht stand, d. h. den Mini Coopers, die den dritten (Aaltonen), vierten (Fall) und fünften Platz (Hopkirk) belegten. Der erste Lancia war der von Andersson, der als Sechster ankam; in der letzten Nacht am Col de Turini war er bei dem verzweifelten Versuch, sich wieder vorzuarbeiten, um zwei Plätze im Klassement zurückgefallen. Cella wurde Achter. Diese Monte Carlo wurde so etwas wie das Symbol für die ganze vom Pech verfolgte Saison, in der Lancia auf keiner internationalen Rallye siegte, nicht einmal in San Remo, wo Pat Moss dem einzigen anwesenden Porsche mit Toivonen weichen mußte. Es gab nur einen dritten Platz beim Coupe des Alpes und einen zweiten von Aaltonen auf der Tour de Corse. Inzwischen war Kallström in die Mannschaft eingetreten und machte die übliche Lehrzeit auf der »HF« durch. Die Frontantriebs-Modelle von Lancia werden nämlich im Grenzbereich sehr schwierig und erfordern eine ganz beträchtliche Übung. Auch der große Kallström mußte sich dieser Regel beugen und sich bis 1969 gedulden, bis er es zu etwas brachte.

Inzwischen war man aber bei Lancia zu der Überzeugung gekommen, daß man ein konkurrenzfähigeres Modell bauen mußte als den »1300«; so wurde der »1600« entwickelt, der auf der Turiner Automobilausstellung 1968 zum erstenmal gezeigt wurde. Natürlich reichte die Zeit zur Homologierung der »HF 1600« für 1969 nicht mehr, und so schickte Lancia das Team Kallström/Haggbohm mit dem »1600« auf die Mittelmeer-Rallye nach Monte Carlo, während die »normale« Monte, die gleichzeitig und auf derselben Strecke gefahren wurde, noch mit dem »1300« beschickt wurde. Nach hartem Kampf mit Nicolas gelang es dem Schweden tatsächlich, sich den ersten

internationalen Sieg zu holen und den »Rallye-Olymp« endgültig zu erklimmen. Kurz darauf wiederholte Kallström dann den Erfolg von Monte Carlo mit einem Sieg in San Remo. Zwei zweite Plätze auf der Österreichischen Alpenfahrt und der Moldau-Rallye, ein erster Platz in Spanien und der aufsehenerregende Sieg auf der England-Rallye ließen Harry Kallström Europa-Meister werden, eine Bestätigung nicht nur für die Größe Kallströms, sondern auch für die immer noch gültigen Qualitäten der »Fulvia«. Diese Rallye war wirklich aufregend durch die Hetzjagd Kallströms hinter dem »Hasen« Waldegaard her; Kallström meisterte die Rallye anscheinend spielend und bewies ein außerordentliches Improvisationstalent: die Rallye von England wird praktisch ohne Gebetbuch gefahren, da die entscheidenden Etappen der Strecke erst wenige Tage vor dem Start bekanntgegeben werden. 1970 war der »HF 1600« ausgereift, die Mannschaft für die wichtigsten Rallyes umfaßte Kallström, Munari und Lampinen für die Europa-Rallyemeisterschaft der Marken, Barbasio für die Rallye-Europa-Meisterschaft der Fahrer und Ballestrieri für die Meisterschaft von Italien.
Leider wurde von diesen drei Zielen kein einziges erreicht. Beginnen wir mit Monte Carlo. Wieder einmal begünstigte das fast immer schöne Wetter die Porsche, gegen die nicht einmal die neuen 150-PS-Motoren von Munari und Kallström etwas ausrichten konnten. Sie fielen schon bei den ersten Prüfungen aus, intakt blieben nur die Wagen von Lampinen und Ballestrieri mit etwa 140 PS. Das reichte gegen die 220–240 PS der Porsche nicht aus. Auf Schnee oder Eis konnten auch die Lancias recht wenig gegen

Porsche ausrichten, aber auf der endlosen 45-Kilometerstrecke, der berüchtigten Chartreuse, zeigten sie, was sie konnten. Lampinen und Ballestrieri holten hier gegenüber Porsche gut eine Minute auf, da Waldegaard und seine Werkskollegen mit ihren »911« ohne Spikes starten mußten, da der Streckenbeginn trocken war; erst auf der zweiten Hälfte gab es Eis. Unter so gemischten Bedingungen konnten die Fulvia alles herausholen, ihr Anpassungsvermögen ist hier größer als bei allen anderen Wagen. Die beiden »Überlebenden« (d. h. die mit weniger PS) versuchten vergebens, die Porsche einzuholen, konnten aber gegen sie und Renault-Alpine fast nichts ausrichten. Lampinen versuchte das Menschenmögliche in der Turini-Nacht, wurde aber böse aus der Kurve getragen. So blieb nur Ballestrieri übrig, der sich als Sechster klassifizieren konnte. Auch in ihrem weiteren Verlauf bescherte die Saison keine großen Erfolge. Zuerst einmal konnte Kallström die Schweden-Rallye, bei der er an zweiter Stelle lag, nicht zu Ende führen. Auf der East African Safari Rallye hatte Munari, der immer an der Spitze gelegen hatte, wenige Kilometer vor dem Ziel einen Unfall. Kurz zuvor hatte die Italien-Rallye mit einem »Krimi« geendet: alle »Fulvia HF« von Lampinen, Munari, Ballestrieri und Barbasio hatten entweder gar nicht starten oder nur wenige Kilometer zurücklegen können.

Wenn man der Lancia-Leitung glauben darf, waren in die Tanks der im Parc fermé praktisch unbewacht stehenden Wagen irgendwelche Substanzen eingefüllt worden, die die Benzinzufuhr der Wagen unterbrochen hatten. Auf einer derartigen Pech-Rallye blieb Kallström nichts übrig, als Theriers Alpine zu verfolgen, die dank dieser Umstände Sieger wurde.

Auch die Rallye von Elba stand unter einem ungünstigen Stern: Barbasio/Manucci, die als erste ankamen, wurden wegen Unvorschriftsmäßigkeit des Vorderrahmens der »HF« disqualifiziert. Die Finale der Saison sahen dann wesentlich besser aus: die »HF 1,6« wurden Sieger auf der TAP-Rallye von Portugal, in San Martino di Castrozza, auf der 1000-Minuten-Rallye, der Rallye der 999 Minuten und schließlich der berühmten England-Rallye. Dieser letztere Sieg gehörte Kallström allein, der damit Lancia für die magere Saison 1970 entschädigte.

Es war ein recht effektvoller Sieg, da Kallström zuvor alle möglichen Abenteuer durchstehen mußte, bevor er seinen Erfolg von 1969 wiederholen konnte. Lancia hatte gerade auf diese Rallye alle Anstrengungen konzentriert und sogar die Tour de Corse ausgelassen.

Alle bekannten Teams und eine Rekordzahl von Spitzenfahrern waren in England versammelt. Kallström befolgte wieder einmal seine Taktik, die anderen sich erst einmal austoben zu lassen und erst im Finale seine Höchstform zu zeigen; so wurden die ersten Etappen denn auch unter Mikkola (Ford) und Waldegaard (Porsche) ausgetragen. Zu Beginn der entscheidenden Phase schoß er dann an die Spitze und hielt sich dort bis zuletzt. Davon konnten ihn auch abenteuerliche Unfälle nicht abhalten, die der Rallye einen spektakulären Anstrich gaben: in Nord-Wales platzte der Motor, es wurden schleunigst die Lagerschalen ausgewechselt, die man von Lampinens Wagen, der in der Nähe stand, holte, dann gab es einen Getriebeschaden (ein Leiden, an dem viele Teilnehmer krankten, da die RAC-Rallye ein schrecklicher Getriebefresser ist), und schließlich einen Zusammenstoß mit einem anderen Wagen mit anschließendem Sturz in den Graben. Aber der Sieg schien Lancia nun einmal bestimmt zu sein; Fiorio und seine Mechaniker, vor deren Augen der Unfall sich abgespielt hatte, konnten die Fulvia reparieren, indem sie einen großen Teil des Vorderteils ersetzten, so daß Kallström zur Begeisterung der Autofans doch noch als Erster im Ziel landen konnte.

Auch 1971 waren Wagen und Fahrer noch einmal dieselben: Kallström, Lampinen, Munari, Ballestrieri und Barbasio, dazu der »Novize« Montezemolo bildeten die Mannschaft, nur in der Zusammenstellung von Piloten und Copiloten gab es Änderungen.

Die Wagen waren zwar die gleichen, waren aber doch noch verbessert worden. Die Leistung, die bei den besten Exemplaren von 1970 150 PS betragen hatte, war auf 160 PS bei 7200 Umdrehungen gesteigert worden, vor allem aber war der »HF« beträchtlich leichter geworden (um etwa 40 kg), da man Türen und Hauben aus Kunststoff eingebaut hatte, so daß der Wagen jetzt nur noch 840 kg wog. Leider aber waren Fiorios Bemühungen vergeblich, da bei fast allen Wagen in Monte Carlo der Motor versagte, bei Kallström gleich auf der ersten Ausscheidungsprüfung, bei Munari auf der letzten Etappe. Am besten klassifizieren konnte sich Lampinen, der als einziger von der großen Lancia-Mannschaft übrigblieb; er konnte wie 1970 mit seiner »HF« den sechsten Platz belegen.

PORSCHE

Diese deutsche Firma hat sich von jeher zur Herstellung von Sportwagen berufen gefühlt. Ihre Wagen wurden schon für die Rallyes früherer Zeiten, die so gänzlich anders waren als die heutigen, von den Autosportlern bevorzugt, und auch auf den frühen Ausgaben der Monte Carlo und auf Langstreckenrallyes hat es immer Fahrer gegeben, die mit dem alten »356« Vierzylinder eine gute Figur gemacht haben. Die eigentlich großen Erfolge stellten sich aber erst seit 1965 ein. Damals fing Porsche an, der ständig zunehmenden Beliebtheit der Rallyes beim Publikum Rechnung zu tragen, auch wenn die Firma noch stark auf dem Gebiet der Entwicklung und des Baus von Prototypen engagiert war. Der erste ernsthafte Versuch wurde 1965 auf der Rallye Monte Carlo gemacht, als Eugen Böhringer, eine der beherrschenden Figuren auf der Rallyebühne der damaligen Jahre, auf einem »904 GTS« startete, d. h. einem Sportwagen, der ausschließlich für Rennen bestimmt war. Wider Erwarten schlug sich der Porsche 904 glänzend. Er konnte sich zwar nur als Zweiter hinter Mäkinens Mini plazieren, überraschte aber durch seine Leistung, besonders da es sich dieses Mal um eine der härtesten Monte-Ausgaben handelte, die durch einen Schneesturm am Col de Turini in der letzten Nacht berühmt wurde.

Nun war der erste Schritt zu einer regelrechten Rallye-Mannschaft getan, und das Jahr 1967 brachte die ersten größeren Erfolge, die vor allem dem »911«-Sechszylinder und Fahrer wie Vic Elford zu verdanken waren, der gerade Ford verlassen hatte. Um mit der »Monte« anzufangen: noch waren die Minis auf Schnee unschlagbar, aber Elford als Dritter hinter Aaltonen und Anderssons Fulvia erregte doch Aufsehen, besonders durch die Art, wie er die 180 PS seines Porsche meisterte. Übrigens waren die Witterungsverhältnisse gerade im Endstadium des Rennens ausgesprochen ungünstig für Wagen mit Heckmotor. Aber schon war die »Wachablösung« auf diesem Gebiet nahe: Porsche holte sich die ersten Rallyesiege, Ende 1967 gewann es durch Elford die Grand-Tourisme-Europameisterschaft und durch den Polen Zasada die Europameisterschaft für Serienwagen (auf dem »912« Vierzylinder). Nun war Porsche reif für den großen Sieg, für die Rallye Monte Carlo. Es trat an mit einer Supermannschaft bestehend aus drei offiziellen Wagen (Elford, Toivonen und Zasada) und zwei weiteren halboffiziellen Wagen mit den Schweden Ake Andersson und Björn Waldegaard.

Die Wagen waren die eigens für diese Rallye präparierten »911«, die etwa 200 PS erreichten, den Sechszylinder-Motor hatte man vom »911 S« genommen und entsprechend frisiert. Natürlich war der Serienwagen mit einem Normalgewicht von über einer Tonne entsprechend leichter gemacht worden und wog nun etwa 960 kg. Der massive Aufmarsch von Porsche wurde auch durch Bedingungen begünstigt, die einen großen Vorteil für die Stuttgarter Wagen darstellten. Monte Carlo verlor nämlich nach und nach seinen Charakter als typische Winterrallye und wurde mehr und mehr zu einem reinen Straßenrennen, was den Eigenschaften der Porsche sehr entgegenkam. Bei dieser Rallye, die bei gutem Wetter ausgetragen wurde, hatten die Porschewagen keinen Gegner und führten vom Anfang bis zum Ende. Sieger wurde der hervorragende Elford, für den diese Rallye nur der Ausgangspunkt für einen Siegeszug auf noch anspruchsvolleren Gebieten (Prototypen und Formel I) werden sollte. Porsches Überlegenheit wurde auch noch durch den zweiten Platz von Toivonen erhärtet. Dieses Monte Carlo war das Startsignal für ein ganz außergewöhnliches Porsche-Jahr mit Siegen auf den meisten bekannten Rallyes. Elford zog sich allerdings wie gesagt nach diesem Sieg etwas von der Rallyebühne zurück und ging zu Rennen über. So holte sich Toivonen die meisten Siege, er wurde Erster in nicht weniger als sechs internationalen Rallyes und Europameister. Der Finne siegte auf der Rallye von Deutschland, von Ostdeutschland, auf der Donau-Rallye, der Rallye von Genf, in San Remo und Spanien. Dazu kam noch die Rallye von Schweden, auf der der neue Stern am Rallyehimmel, Björn Waldegaard, aufgehen sollte.

Auch das Jahr 1969 war den Stuttgartern wohlgesonnen, kein anderer Wagen erreichte die Leistung des 911. Im Fahrer-Team hingegen gab es einige Neuigkeiten: Waldegaard wurde offizieller Werksfahrer, der Schwede zeigte sich sofort seiner Aufgabe gewachsen und siegte spielend in Monte Carlo und Schweden, d. h. auf den beiden klassischen Winterrallyes. Von nun an wurde es auch auf

Gelände, das den Deutschen früher ungünstig gewesen war, schwierig, sie zu besiegen; die Fortschritte auf dem Gebiet der Reifen und der Spikes ermöglichten es ihnen trotz des sehr weit hinten liegenden Motors, ihre 200 PS auch auf Eis und Schnee voll auszunützen. Nun zeigte es sich, daß auch die stärksten und fortschrittlichsten Frontantriebswagen wie die Fulvia es in Monte Carlo mit den deutschen Wagen nicht mehr aufnehmen konnten, einer Rallye, die immer noch eine Art Prüfstand für Fortschrittlichkeit und technische Gültigkeit darstellt.

Bei den übrigen Veranstaltungen des Jahres war es aber nichts mehr mit der eindeutigen Überlegenheit Porsches. Die Alpine hatte dank der entscheidenden Unterstützung durch Renault Leistung und Ausdauer beträchtlich verbessert und kündigte sich als Hauptgegner der Deutschen an, und auch Ford zeigte, daß sein »Escort« es sehr wohl mit allen Gegnern aufnehmen konnte.

So wurde Porsche außer Monte Carlo und Schweden nur Sieger der Rallye von Polen, dank der ungeheuren Erfahrung Zasadas, dem Europameister von 1966 und 1967. Abschließend reichte es denn auch nur zu einem zweiten Platz in der Europa-Meisterschaft für Marken.

Das Jahr 1970 wurde für Porsche eher schwierig, da seine Gegner (vor allem Renault Alpine) stärker denn je geworden waren. Dennoch gehörte Porsche noch zu den Favoriten beim Start in Monte Carlo. Diesmal sind die Porsche noch stärker und besser als im Vorjahr. Der starken Mannschaft mit Waldegaard, Andersson und Larrousse stehen die neuen 2,3 Liter »911 S« zur Verfügung, mit Einspritzmotor von etwa 240 PS bei unter 1000 kg Gewicht. Wieder einmal kommen die Witterungsbedingungen Porsche entgegen, denn auch in diesem Jahr ist das Wetter meistenteils sehr schön. Der einzige Gegner, der jetzt noch Kopfzerbrechen bereiten könnte, die Alpine 1600, scheidet noch vor den entscheidenden Etappen aus. Also noch einmal ein Doppelsieg für Porsche mit wie üblich Waldegard/Helmer an der Spitze und einem zweiten Platz der »Einheimischen« Larrousse/Gelin.

1970 sollte dennoch ein hartes Jahr für Porsche werden, da Alpine ernstzunehmende Angriffe auf seine dominierende Stellung startete. Nach dem üblichen Sieg auf der Schweden-Rallye mit Waldegaard (dem dritten in ununterbrochener Folge) konnte es nur noch die Österreichische Alpenfahrt gewinnen (wie gewohnt mit Waldegaard). Und mit diesen drei Siegen hatte Porsche auch die Rallye-Markenmeisterschaft gewonnen.

Aus dem Gesagten und aus der Siegerliste ergibt sich, daß zwischen 1968 und 1970 von einer ausgesprochenen technischen Überlegenheit von Porsche auf den bekanntesten Rallyes, voran Monte Carlo, gesprochen werden kann.

Aber auch für die Deutschen ist der Augenblick der Niederlagen gekommen. Und zwar nach den ersten Vorwarnungen, als die Alpine der deutschen Marke die Herrschaft auf den wichtigsten Rallyes abnahm. Das passierte im Jahr 1971: da mußten die deutschen Wagen ihre schlimmste Niederlage einstecken. Nachdem sie den kampferprobten 911 S aufgegeben hatte, der in den drei vorhergehenden Jahren Sieger gewesen war, warf die deutsche Firma den »914 6« Sechszylinder mit zwei Litern Hubraum und zentral liegendem Motor von etwa 200 PS in dieses gerade in kommerzieller Hinsicht so wichtige Rennen. Nach eingehender Erprobung auf den Prüfstrecken waren die deutschen Techniker zu dem Entschluß gekommen, den hervorragend bewährten 911 S durch den 914 zu ersetzen, weil das Modell 914 S auf dem Markt gefördert werden sollte. In Monte Carlo konnten sich diese Wagen, die theoretisch hätten besser sein müssen, nicht halten gegen die wildgewordenen Alpine, und der große Waldegaard, der als Meister der Fahrtechnik auf Eis gilt, konnte nur mit Mühe und Not den dritten Platz im Gesamtklassement behaupten, und auch diesen mußte er mit einer Alpine teilen.

RENAULT

Die Geschicke der Firmen Renault und Alpine waren zwar in den letzten Jahren eng verbunden, hier sprechen wir aber dennoch getrennt von ihnen.
Renault hat schon immer ein gewisses Interesse für Straßenrennen und später für Rallyes gezeigt. Mehr oder weniger offizielle Dauphines holten sich verschiedene Siege, den wichtigsten mit dem Team Monraisse/Feret in Monte

Carlo 1958, der allerdings durch das damalige Reglement begünstigt wurde. Andere beachtliche Erfolge gab es auf der Tour de Corse, die damals noch keine so große Rolle spielte; der gebürtige Korse Orsini siegte gleich zweimal mit eigens frisierten 1,1 Liter-Fahrzeugen. Der eigentliche Aufstieg bei Renault begann in den sechziger Jahren, als Renault anfing, sein Glück auf den schnellen Rallyes zu versuchen, die damals gerade aufkamen. Wie es schon bei der Dauphine 1093-Gordini der Fall gewesen war, vertraute die Régie auch dieses Mal dem »Zauberer« Gordini die Aufgabe an, einen besonders rallyegeeigneten Motor zu entwickeln. So wurde auf dem Pariser Autosalon 1964 eine interessante Limousine vorgestellt, die auf der Basis des »R 8« mit einem 1,1 Liter-Stoßstangenmotor ausgerüstet war und die beträchtliche Leistung von 95 PS bei 6500 U/min aufwies.

Die Leistung dieses Wagens, der den stehenden Kilometer in 35 Sekunden zurücklegen konnte und eine Höchstgeschwindigkeit von 165 km/h hatte, war erstaunlich. Die serienmäßige Ausstattung der blau lackierten Rennkarosserie, die mit Spezialscheinwerfern ausgerüstet war, ließ die künftige sportliche Verwendung sofort erkennen. Das Gewicht des Wagens betrug 800 kg, ungefähr wie die Serienlimousine R 8 »Major«, von der er abstammte. Die sportliche Premiere fand schon im November auf der Tour de Corse statt, dem traditionellen Prüffeld der sportlichen Renault und verlief äußerst glücklich, denn unter die ersten fünf des Gesamtklassements kamen nicht weniger als vier »R 8 Gordini«, mit dem Team Vinatier/Manson an der Spitze. Ein um so durchschlagender Erfolg, als die

R 8, praktisch Serienwagen, in der Gruppe Sportwagen liefen, da sie noch nicht hatten homologiert werden können. 1965 erhielt dann der endlich in der Gruppe Tourenwagen homologierte R 8 ein neues Fünfgang-Getriebe und zwei zusätzliche Vorderscheinwerfer. Auch 1965 schnitt er glänzend ab mit dem zweiten Platz auf der Rallye Lyon—Charbonnières und der Tour de Corse und einem weiteren zweiten Platz beim Criterium Cevennes. 1966 kam dann ein neuer Gordini heraus, der die Siegesserie von Renault noch beträchtlich verlängern sollte.

Der neue 1300, der durch größere Zylinderbohrung entstanden war, erreichte 110 PS bei 6750 U/min und fuhr den stehenden Kilometer in 33 Sekunden. Er besaß ein Fünfganggetriebe und eine etwas abgeänderte Karosserie. Wie üblich setzte Renault dieses Modell in der 1440-ccm-Version auf der Tour de Corse zum erstenmal ein; in den Händen von Piot übertrumpfte der in der Kategorie Prototypen homologierte Wagen die Alpine und besonders den Alfa Romeo »GTA«.

Der Gordini 1300 wurde am ersten Januar 1967 in der Gruppe 2-Tourenwagen homologiert und setzte seine Siegesserie auf der Blumenrallye und der Rallye von Ungarn fort. Ende 1967 wurde er in der Gruppe 1 (Serientourenwagen) homologiert. Bis 1969 erwies sich der R 8 praktisch als der beste Wagen seiner Kategorie und reihte einen Erfolg an den anderen. Abgesehen davon war sein großes Verdienst jedoch, daß er entscheidend zur Entstehung und Einbürgerung des französischen Rallyesports beitrug. Bei einem vernünftigen Anschaffungspreis war den französischen Fahrern ein äußerst konkurrenzfähiges

Fahrzeug in die Hand gegeben, mit dem sie sich auch auf anspruchsvollen Rallyes sehen lassen konnten. So bildete sich ein Stamm von Fahrern heraus, aus dem so hervorragende Könner wie Vinatier, Nicolas, Andruet, Therier, Piot, Jabouille und viele andere hervorgegangen sind. Zur Güte des Materials, zu den Wagen also, mußte natürlich noch eine kluge Sportpolitik kommen, die den französischen Fahrern durch zahllose Rallyes in ganz Frankreich die Möglichkeit bot, sich emporzuarbeiten und einen Namen zu machen. Dies war also das Hauptverdienst des R 8 Gordini. Im Lauf der Zeit merkte man dann aber bei Renault, daß man mit dem R 8 zwar auf den großen internationalen Rallyes eine gute Figur machen, aber kaum auf weiterreichende Erfolge bei schnellen Rallyes hoffen konnte. Deshalb konzentrierte sich das Sportprogramm von Renault vor allem auf die Alpine, die leichter, handlicher und auf Rallyes spezialisiert, der französischen Firma die größten Lorbeeren eintragen sollte, einschließlich der Europa-Meisterschaft für Fahrer 1970 und der noch wertvolleren Rallye-Europameisterschaft für Marken 1971.

SAAB

Zur Zeit setzt sich die kleine schwedische Firma auf internationaler Ebene nicht voll ein. Wo sie aber auf einer der großen europäischen Rallyes erscheint, ist ihr jedesmal einer der ersten Plätze sicher. Ihre schönste und technisch überzeugendste Epoche gehört der Vergangenheit an, als Carlsson den kleinen Saab 1962 und 1963 in Monte Carlo zum Sieg führte und mit einem dritten Platz noch 1964 der Welt die Überlegenheit des Frontantriebs auf Eis vorführte und die damals unbekannten kleinen schwedischen Autos bekannt machte. Damals begann die Vorherrschaft der Nordländer auf Schnee, gegen die noch keiner angekommen ist.

Das kleine schwedische Frontantriebsmodell wurde zunächst mit zwei Zylindern gebaut, bekam dann (immer noch als Zweitakter) drei Zylinder und gewann in dieser Form unter Carlsson die Monte 1962 und 1963 und den dritten Platz im Jahr 1964, wo es auch auf der Blumenrallye siegte. Dann wurde der bis dahin überlegene Saab jedoch von einem anderen Frontantriebler, dem Mini Cooper S, abgelöst, der noch kleiner und stärker war und eine wesentlich bessere Straßenlage hatte; er behauptete bis 1968 den ersten Rang. Seither gab es für Saab wenig Erfolge, es dauerte bis 1967, bis es wieder auf internationaler Ebene von sich reden machte.

Inzwischen hatte der Wagen sein Aussehen verändert, der Zweitaktmotor war zugunsten eines Vierzylinder-Viertakters in V-Form von 1,5 Litern aufgegeben worden, der von dem deutschen Ford 12 M und 15 M übernommen worden war. Wie schon gesagt wurde, ist Saab eine kleine Firma, deren Produktion 40 000 Exemplare pro Jahr nicht übersteigt und die deshalb keine großen Sportprogramme machen kann. Ihre Rennabteilung ist eigentlich nur eine kleine Werkstatt unter Leitung von Bo Swaner und Bo Hellberg und umfaßt etwa 35 Techniker. Bei dieser Kapazität und diesen Mitteln ist es logisch, daß Saab sich vor allem mit Rallyes auf nationaler Ebene befaßt, wo seine Wagen fast immer dominieren.
1967 machte Saab wieder von sich reden, als Lampinen auf der Schweden-Rallye als Zweiter hinter Söderström durchs Ziel ging, der mit dem Cortina Lotus in diesem Jahr Europameister werden sollte. Der »V 4« von Saab wurde Zweiter auf der Österreichischen Alpenrallye (Jonsson), mit dem »alten Hasen« Carlsson Sieger auf der Tausend-Seen-Rallye und Dritter auf der Rallye von Schottland (Orrenius-Schroderheim). Noch besser klappte es 1968, wo Saab auf den Rallyes um die Fahrer-Europameisterschaft den zweiten Platz (wie üblich Lampinen) belegte. Noch stärker war der Einsatz auf der Meisterschaft für Marken. Hier konnte Saab mit Trana und Lindberg hinter Waldegaard den zweiten und dritten Platz auf der Schweden-Rallye belegen und noch einen zweiten Platz auf der Rallye der Tschechoslowakei (wieder mit Lindberg) sowie Sieger auf der Schottland-Rallye werden (Lampinen). Schließlich kam noch der große Sieg in Eng-

land, wo Lampinen und Orrenius sich als Erster und Zweiter klassifizierten, mit dem Ergebnis, daß Saab hinter Ford Zweiter bei der Europameisterschaft für Marken wurde.
1969 klappte es nicht ganz so gut, da das beste Ergebnis auf internationalen Rallyes ein zweiter Platz auf der Schweden-Rallye war, wieder hinter Waldegaard. Der beste Saab-Pilot des Jahres 1970, Lampinen, ging dann zu Lancia, es blieb Lindberg, der zwar ein paar Rallyes für Fiat fuhr, aber immer noch zu den Saab-Assen zählte. Doch auch dieses Mal konnte Saab nur zweite Plätze belegen: auf der Schweden-Rallye (Blomqvist/Reinike) und der Österreichischen Alpen-Fahrt (Lindberg/Andreasson). Unter den technischen Neuerungen des Saab 1970 ist die Einspritzanlage zu erwähnen, die mit dem beibehaltenen Ford 4-V-Motor eine Leistungssteigerung auf ca. 140 PS ermöglichte; später brachte die Verwendung eines auf 1800 ccm aufgebohrten 1,7-Liter-Motors eine weitere Leistungssteigerung. 1971 bewies der Saab seine Qualitäten auch auf Schnee, Blomqvist, der Starfahrer geworden war, konnte auf der Schweden-Rallye Porsche, Alpine, Lancia und BMW distanzieren und Sieger werden. Die Überlegenheit des Stig Blomqvist, der als momentan schnellster Rallyefahrer der Welt gilt, bescherte Saab noch einige weitere schöne Erfolge, vor allem den Sieg bei der England-Rallye 1971, für die meisten Rallyes hat der Saab jedoch für sein Gewicht zu wenig Leistung.